EBS랑 홈스쿨 초등 영어

초등
영독해
LEVEL
1

⬇ 정답과 해설은 EBS 초등사이트(primary.ebs.co.kr)에서 다운로드 받으실 수 있습니다.

교재 내용 문의
교재 내용 문의는 EBS 초등사이트
(primary.ebs.co.kr)의
교재 Q&A 서비스를 활용하시기 바랍니다.

교재 정오표 공지
발행 이후 발견된 정오 사항을
EBS 초등사이트 정오표 코너에서 알려 드립니다.
교과/교재 → 교재 → 교재 선택 → 정오표

교재 정정 신청
공지된 정오 내용 외에 발견된 정오 사항이
있다면 EBS에 알려 주세요.
교과/교재 → 교재 → 교재 선택 → 교재 Q&A

한발 빠른 초등학생도
기초를 다지는 중학생도
중학영어 내신 만점을 위한 첫걸음

EBS 기초 영문법
EBS 기초 영독해

EBS 기초 영문법 1, 2

EBS 기초 영독해

HOME-SCHOOL

초등
영독해
LEVEL
1

이 책의 **구성과 활용법**

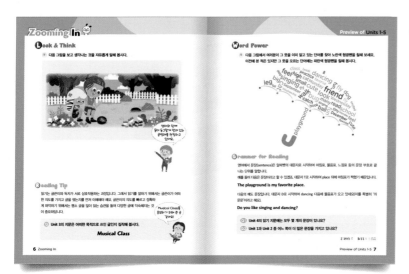

Zooming In

5개 Unit을 학습하기 전, **Reading**에 등장하는 그림과 다양한 읽기 방법을 활용하여 어떤 내용의 글인지 미리 파악해 보고, 읽기를 위해 필요한 단어와 문장 구조에 대해 생각해 봅니다.

❸ **지문 듣기 QR 코드**

스마트폰으로 **QR** 코드를 스캔하면 원어민이 지문을 읽어 주는 **MP3** 음원이 재생됩니다. 반복해 들으면서 영어 듣기 실력을 향상해 봅니다.

Reading

20개 Unit을 학습하는 동안 다양한 주제의 흥미로운 글을 읽게 됩니다. 생생한 그림, 사진 자료와 함께 즐겁게 영어 읽기를 해 봅니다.

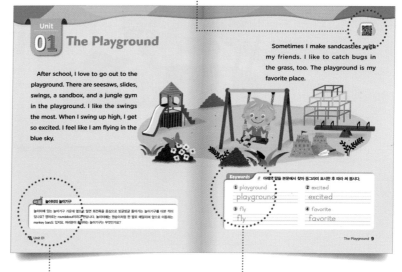

❶ **배경지식 / 어휘 / 문법 / 문화**

글의 내용과 관련된 배경지식, 어휘, 문법, 또는 문화와 관련된 정보를 통해 글을 더 깊이 이해해 봅니다.

❷ **Keywords**

글에 등장하는 중요 단어의 뜻을 문장 속의 의미를 생각하며 파악해 봅니다.

After You Read

글을 다 읽은 후 글의 내용을 잘 이해했는지 확인하는 단계입니다. 다양한 **Post-reading** 활동을 통해 직접 문제를 풀어 보면서 글의 내용과 문장의 의미를 더 정확하게 이해해 봅니다.

Vocabulary Practice

재미있는 단어 활동을 통해 각 **Unit**에서 반드시 알아야 할 단어의 의미와 스펠링을 확실하게 익혀 봅니다.

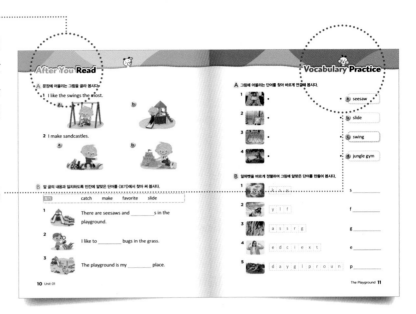

eWorkbook [온라인 부가자료(PDF)]

❶ **Dictation** 본 교재에 수록된 지문을 활용한 받아쓰기 활동으로 영어 듣기 실력을 향상할 수 있습니다.
  * Worksheet의 QR 코드를 태그하면 바로 지문을 들을 수 있어요!

❷ **Vocabulary Test** 단어 테스트(영한/한영)를 통해 본 교재에서 학습한 단어의 뜻을 잘 기억하는지 확인할 수 있습니다.

❸ **Translation & Unscrambling** 본 교재에 수록된 지문 속 문장을 우리말로 해석하는 Translation, 주어진 단어를 배열하여 문장을 완성하는 Unscrambling 활동으로 영어 문장에 더욱 친숙해질 수 있습니다.

- **Study Plan:** 내 학습상황에 맞게 40-day, 20-day 중 하나를 선택해서 학습 진도를 체크해 봅니다.
- **Study Log:** 오늘 학습한 내용을 직접 기록해 보면서 새로 학습한 내용, 어려웠던 내용을 다시 되짚어 봅니다.

※ EBS 초등사이트(primary.ebs.co.kr)에서 PDF 제공

이 책의 **차례**

CONTENTS

Zooming In

Look & Think

□ 다음 그림을 보고 생각나는 것을 자유롭게 말해 봅시다.

엄마와 함께 몸이 동그랗게 말려 있는 공벌레를 관찰하고 있어요.

Reading Tip

읽기는 글쓴이와 독자가 서로 상호작용하는 과정입니다. 그래서 읽기를 잘하기 위해서는 글쓴이가 어떠한 의도를 가지고 글을 썼는지를 먼저 이해해야 해요. 글쓴이의 의도를 빠르고 정확하게 파악하기 위해서는 평소 글을 많이 읽는 습관을 들여 다양한 글에 익숙해지는 것이 중요하답니다.

Musical Class를 홍보하기 위해 쓴 글 같아요!

Ⓠ Unit 3의 지문은 어떠한 목적으로 쓰인 글인지 짐작해 봅시다.

Musical Class

Ⓦord Power

▣ 다음 그림에서 여러분이 그 뜻을 이미 알고 있는 단어를 찾아 노란색 형광펜을 칠해 보세요.
이전에 본 적은 있지만 그 뜻을 모르는 단어에는 파란색 형광펜을 칠해 봅시다.

Ⓖrammar for Reading

영어에서 문장(sentence)은 알파벳의 대문자로 시작하여 마침표, 물음표, 느낌표 등의 문장 부호로 끝나는 단위를 말합니다.

예를 들어 다음은 문장이라고 할 수 있겠죠. 대문자 T로 시작하여 place 뒤에 마침표가 찍혔기 때문입니다.

The playground is my favorite place.

다음의 예도 문장입니다. 대문자 D로 시작하여 dancing 다음에 물음표가 오고 있네요(이를 특별히 '의문문'이라고 해요).

Do you like singing and dancing?

> Q1 Unit 4의 읽기 지문에는 모두 몇 개의 문장이 있나요?
>
> Q2 Unit 1과 Unit 2 중 어느 쪽이 더 많은 문장을 가지고 있나요?

정답 | 1 11개   2 Unit 2

The Playground

After school, I love to go out to the playground. There are seesaws, slides, swings, a sandbox, and a jungle gym in the playground. I like the swings the most. When I swing up high, I get so excited. I feel like I am flying in the blue sky.

어휘 놀이터의 놀이기구

놀이터에 있는 놀이기구 가운데 옆으로 밀면 회전축을 중심으로 빙글빙글 돌아가는 놀이기구를 타본 적이 있나요? 영어로는 roundabout이라고 한답니다. 놀이터에는 원숭이처럼 한 팔로 매달리며 앞으로 이동하는 monkey bars도 있지요. 여러분이 좋아하는 놀이기구는 무엇인가요?

Sometimes I make sandcastles with my friends. I like to catch bugs in the grass, too. The playground is my favorite place.

Keywords 🖊 아래의 말을 본문에서 찾아 동그라미 표시한 후 따라 써 봅시다.

1 playground

playground

2 excited

excited

3 fly

fly

4 favorite

favorite

After You Read

A 문장에 어울리는 그림을 골라 봅시다.

1 I like the swings the most.

a

b

2 I make sandcastles.

a

b

B 앞 글의 내용과 일치하도록 빈칸에 알맞은 단어를 〈보기〉에서 찾아 써 봅시다.

보기	catch	make	favorite	slide

1  There are seesaws and _____s in the playground.

2  I like to _____ bugs in the grass.

3  The playground is my _____ place.

Vocabulary Practice

A 그림에 어울리는 단어를 찾아 바르게 연결해 봅시다.

1 •

                             • **a** seesaw

2 •

                             • **b** slide

3 •

                             • **c** swing

4 •

                             • **d** jungle gym

B 알파벳을 바르게 정렬하여 그림에 알맞은 단어를 만들어 봅시다.

1 | k | s | y | s _____

2 | y | l | f | f _____

3 | a | s | s | r | g | g _____

4 | e | d | c | i | e | x | t | e _____

5 | d | a | y | g | l | p | r | o | u | n | p _____

I Like Rainy Days

When it rains, I wear a raincoat and boots. I go outside and enjoy the rain. I like the sound of rain. It makes me happy.

배경지식 비 오는 날 달팽이와 지렁이가 밖으로 나오는 이유는?

달팽이(snail)는 습기 찬 곳을 좋아해서 비가 오면 밖으로 나온답니다. 달팽이의 몸은 끈끈한 점액질로 덮여있는데 그 점액질이 마르면 안 되기 때문에 습한 곳을 좋아하거든요. 지렁이(earthworm)가 비 오는 날 나오는 이유는 달팽이와는 좀 다르답니다. 지렁이는 피부 호흡을 하는데 비가 오면 땅굴에 흘러든 빗물에 숨이 가빠서 참다못해 가까스로 도망 나오는 것이라고 하는군요.

I also like to hop and jump in puddles. I splash in puddles. I play with mud, too. I get dirty, but I don't care. I can see snails and earthworms on rainy days. I have lots of fun on rainy days.

* earthworm 지렁이

Keywords
✏️ 아래의 말을 본문에서 찾아 동그라미 표시한 후 따라 써 봅시다.

1 rain

rain

2 outside

outside

3 jump

jump

4 play

play

After You Read

 A 문장에 어울리는 그림을 골라 봅시다.

1 I like rainy days.

a

b

2 I go outside.

a

b

B 앞 글의 내용과 일치하도록 빈칸에 알맞은 단어를 〈보기〉에서 찾아 써 봅시다.

보기	puddle	rainy	dirty	snail

1

I like to jump in _____s.

2

When I play with mud, I get _____.

3

I can see _____s and earthworms.

Vocabulary Practice

A 그림에 어울리는 단어를 찾아 바르게 연결해 봅시다.

1 •

2 •

3 •

4 •

• **a** earthworm

• **b** snail

• **c** raincoat

• **d** boots

B 알파벳을 바르게 정렬하여 그림에 알맞은 단어를 만들어 봅시다.

1 | u | d | m | m _____

2 | a | i | n | r | r _____

3 | u | m | p | j | j _____

4 | r | a | e | w | w _____

5 | p | y | a | h | p | h _____

Unit 03 Musical Class

Musical class is open for you. Anybody is welcome to join the class.

We will meet and practice every Monday and Wednesday from September to December. On Monday, we will practice singing. On Wednesday, we will practice dancing. Also, we are planning to give a performance at the school Christmas festival.

문법 권유나 제안을 할 때 쓰는 표현

본문에 나오는 〈Why don't you + 동사원형 ~?〉은 '~을 하는 것이 어때?'와 같이 권유나 제안의 표현으로 해석하는 것이 자연스럽답니다. 예를 들어, "Why don't you come to my house?"는 "우리 집에 오는 것이 어때?"라는 뜻입니다.

Do you like singing and dancing? Why don't you join the class? For more information, please email Ms. Thompson.

Email: Thompson@★★★★mail.com

Keywords

✏️ 아래의 말을 본문에서 찾아 동그라미 표시한 후 따라 써 봅시다.

1 class

class

2 open

open

3 meet

meet

4 practice

practice

After You Read

 문장에 어울리는 그림을 골라 봅시다.

1 We will practice singing.

a

b

2 It is September.

a

b

앞 글의 내용과 일치하도록 빈칸에 알맞은 단어를 〈보기〉에서 찾아 써 봅시다.

보기	performance	Monday	Wednesday	email

1  On _____ , we will practice dancing.

2  We are planning to give a _____ at the school Christmas festival.

3  For more information, please _____ Ms. Thompson.

Vocabulary Practice

A 그림에 어울리는 단어를 찾아 바르게 연결해 봅시다.

1 •

2 •

3 •

4 •

• **a** singing

• **b** dancing

• **c** class

• **d** festival

B 알파벳을 바르게 정렬하여 그림에 알맞은 단어를 만들어 봅시다.

1

n	o	M	d	y	a

M _____

2

d	W	s	d	e	n	e	a	y

W _____

3

e	S	m	e	t	e	r	p	b

S _____

4

e	r	c	e	D	e	m	b

D _____

5

c	a	r	p	c	t	i	e

p _____

Musical Class **19**

I have two pets, Leo and Luby. Leo is a dog, and Luby is a cat. Leo is big, but Luby is small. Leo barks, and Luby meows.

When I play with Leo, I go outside with him and throw a ball. He likes to run after it and get the ball. When Leo is happy, he wags his tail.

어휘 꼬리를 흔드는 것을 영어로는?

본문에 나오는 wag는 꼬리를 양 옆으로 빠르게 흔드는 것을 말해요. 강아지는 무엇인가를 혀로 핥는 행동을 즐겨하기도 하지요? 혀로 핥는 행동은 lick이라는 표현을 써서 표현해요. "My dog licks my cheek."은 "나의 강아지가 나의 볼을 핥아요."라는 뜻입니다.

When I play with Luby, I usually give her boxes. She likes to hide in them. When Luby is happy, she purrs. Luby and Leo are different, but I love both of them.

Keywords

아래의 말을 본문에서 찾아 동그라미 표시한 후 따라 써 봅시다.

1 pet

pet

2 big

big

3 small

small

4 tail

tail

After You Read

 문장에 어울리는 그림을 골라 봅시다.

1 I throw a ball.

a 　　　　b

2 My cat likes to hide in boxes.

a 　　　　b

B 앞 글의 내용과 일치하도록 빈칸에 알맞은 단어를 〈보기〉에서 찾아 써 봅시다.

보기	big　　small　　purr　　bark

1 　　Leo is big , but Luby is _____.

2 　　Leo _____s , and Luby meows.

3 　　When Luby is happy, she _____s.

22 Unit 04

Vocabulary Practice

A 그림에 어울리는 단어를 찾아 바르게 연결해 봅시다.

1 •

2 •

3 •

4 •

• **a** wag

• **b** hide

• **c** box

• **d** run

B 알파벳을 바르게 정렬하여 그림에 알맞은 단어를 만들어 봅시다.

1 | p | t | e | p _____

2 | o | t | w | t _____

3 | l | l | a | b | b _____

4 | a | l | t | i | t _____

5 | a | s | l | m | l | s _____

Unit 05 The Roly-Poly Bug

I was walking with my mom at the park. I saw a little bug. It was cute and tiny. It had many legs. When I tried to catch it, it rolled up into a ball. I shouted, "Look, Mommy! The bug changed into a ball!"

배경지식 공벌레 이야기

공벌레(pill bug)는 쥐며느리과의 일종으로 주로 돌 밑이나 축축한 낙엽 더미에서 사는 벌레랍니다. 공벌레가 몸을 둥글게 마는 것은 자기 방어를 위해서일 뿐만 아니라 몸이 건조해 지는 것을 막기 위해서라고 하는군요. 쥐며느리는 공벌레와 생김새가 서로 비슷하지만 공벌레처럼 몸을 말지는 못한다고 해요.

Mom said, "It's a pill bug. When you touch it, it rolls up into a ball. It is also called a roly-poly bug."

I thought the pill bug was really interesting. I went to the library right away. I read some books to learn more about them. Learning about bugs is so much fun!

Keywords ✏️ 아래의 말을 본문에서 찾아 동그라미 표시한 후 따라 써 봅시다.

1 bug
bug

2 roll
roll

3 change
change

4 interesting
interesting

After You Read

A 문장에 어울리는 그림을 골라 봅시다.

1 It was cute and tiny.

a

b

2 I went to the library.

a

b

B 앞 글의 내용과 일치하도록 빈칸에 알맞은 단어를 〈보기〉에서 찾아 써 봅시다.

보기	catch	mom	roll	cute

1

I was walking with my _____ at the park.

2

I tried to _____ the bug.

3

The bug _____ed up into a ball.

Vocabulary Practice

A 그림에 어울리는 단어를 찾아 바르게 연결해 봅시다.

1  •

• **a** touch

2 •

• **b** leg

3 •

• **c** tiny

4 •

• **d** park

B 알파벳을 바르게 정렬하여 그림에 알맞은 단어를 만들어 봅시다.

1

| g | u | b |

b _____

2

| l | a | w | k |

w _____

3

| o | l | o | k |

l _____

4

| h | o | s | u | t |

s _____

5

| a | r | y | l | i | b | r |

l _____

Zooming In

Look & Think

■ 다음 그림을 보고 생각나는 것을 자유롭게 말해 봅시다.

아빠, 엄마와 함께 캠핑을 갔어요. 핫도그가 맛있어 보여요.

Reading Tip

영어 읽기를 잘하고 싶은가요? 그렇다면 독서 습관을 가져보세요. 영어로 된 글은 물론이고, 우리말로 된 글도 많이 읽어둬야 해요. 독서를 통해 쌓인 지식은 영어로 된 글을 읽는 과정에서 배경지식으로 작용하게 됩니다. 배경지식을 가지고 글을 읽게 되면 독해 과정이 놀랄 만큼 쉽게 느껴지게 되죠.

올챙이는 뒷다리가 먼저 나오고, 앞다리가 나온 후, 마지막으로 꼬리가 사라지면서 개구리가 돼요!

Q Unit 8은 올챙이의 성장을 관찰한 일지랍니다. 올챙이의 성장 과정에 대해 알고 있는 것을 말해 봅시다.

Word Power

▣ 다음 그림에서 여러분이 그 뜻을 이미 알고 있는 단어를 찾아 노란색 형광펜을 칠해 보세요.
이전에 본 적은 있지만 그 뜻을 모르는 단어에는 파란색 형광펜을 칠해 봅시다.

Grammar for Reading

문장에서 동작이나 상태의 주체가 되는 말을 주어(subject)라고 합니다. 문장의 뜻을 잘 이해하기 위해
서는 그것의 가장 중심이 되는 말인 주어가 무엇인지 먼저 정확히 파악해야 한답니다.

My family went camping last Saturday.

→ 이 문장의 주어는 My family입니다.

My friends and I found some frog eggs.

→ 이 문장에서의 주어는 My friends and I이죠.

> ⓠ 다음 문장의 주어는 무엇일까요?
>
> Losing a baby tooth is a big event for a child.

정답 | Losing a baby tooth

We Are Monsters

Hi! My name is Drake.

This is my father. I want to tell you about him. He has a green body with blue and black spots on his back. He has three big eyes. He has a nose like a pig and a big mouth with two large pointy teeth. He has a big tongue, too. He has four arms and four legs. He has two small wings on his back.

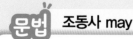

문법 조동사 may

본문에 나오는 may는 '추측'의 의미를 나타냅니다. "We may look scary."는 "우리는 아마 무서워 보일지도 모른다."라는 뜻이에요. 또 다른 의미로, may는 '허락'을 구할 때도 쓰입니다. "May I borrow your pencil?"은 "내가 너의 연필을 빌려도 되겠니?"라는 뜻입니다.

I look like him. We look different from you. We may look scary. We are monsters, but we love children like you. So don't be afraid when you see us. We want to be your friends.

Keywords ✎ 아래의 말을 본문에서 찾아 동그라미 표시한 후 따라 써 봅시다.

1 monster

monster

2 different

different

3 children

children

4 friend

friend

After You Read

A 그림에 어울리는 문장을 골라 봅시다.

1

a He has yellow and green spots on his back.

b He has blue and black spots on his back.

2

a He has a nose like a pig.

b He has a big mouth with large pointy teeth.

B 앞 글의 내용과 일치하도록 다음 표현을 바르게 연결하여 문장을 완성해 봅시다.

1

My father has •

• **a** two small legs

• **b** two small wings

→ My father has _____.

2

I look •

• **a** different from him

• **b** like him

→ I look _____.

A 그림에 어울리는 단어를 〈보기〉에서 찾아 써 봅시다.

보기	tongue back mouth nose

1 _____

2 _____

3 _____

4 _____

B 암호를 해독하여 알맞은 단어를 만들어 봅시다.

☆	♠	♧	∴	V	♨
a	r	s	i	n	t
☎	◨	♫	♭	¶	∞
c	p	e	m	y	o

1 ♫ ¶ ♫ → e [ ] [ ]

2 ☆ ♠ ♭ → a [ ] [ ]

3 ♧ ☎ ☆ ♠ ¶ → s [ ] [ ] [ ] [ ]

4 ◨ ∞ ∴ V ♨ ¶ → p [ ] [ ] [ ] [ ] [ ]

5 ♭ ∞ V ♧ ♨ ♫ ♠ → m [ ] [ ] [ ] [ ] [ ] [ ]

Unit 07
Losing Baby Teeth

Losing a baby tooth is a big event for a child. Around the world, there are many different baby teeth traditions. In the USA, children put their baby teeth under a pillow. They believe that the tooth fairy comes and takes the tooth away and

leaves some money or a gift. People in Spain, Mexico, and France believe a mouse does this, not a fairy.

문화 이빨을 가져가는 생쥐 이야기

스페인 어린이들은 엘 라톤시토 페레즈(El Ratoncito Pérez) 또는 엘 라톤 페레즈(El Ratón Pérez), 즉 페레즈라는 이름의 생쥐가 이빨 대신 선물을 놓고 간다고 믿고 있어요. 프랑스에서는 '작은 생쥐'라는 뜻의 라 쁘띠드 수리(La Petite Souris)가 이빨을 가져간다고 생각한답니다.

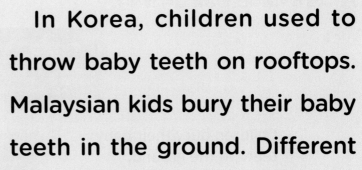

In Korea, children used to throw baby teeth on rooftops. Malaysian kids bury their baby teeth in the ground. Different countries have different cultures. But every child hopes they will have new healthy teeth again soon.

* Malaysian 말레이시아의

1 tooth

tooth

2 tradition

tradition

3 gift

gift

4 culture

culture

After You Read

A 그림에 어울리는 문장을 골라 봅시다.

1

a Children bury their baby teeth in the ground.

b Children put their baby teeth under a pillow.

2

a Korean children throw baby teeth out windows.

b Korean children throw baby teeth on rooftops.

B 앞 글의 내용과 일치하도록 다음 표현을 바르게 연결하여 문장을 완성해 봅시다.

1

The tooth fairy •

• a leaves some money on the pillow

• b leaves some money under the pillow

→ The tooth fairy _____.

2

People in Spain believe that •

• a a mouse leaves some money or a gift

• b a cat leaves some money or a gift

→ People in Spain believe that _____.

Vocabulary Practice

A 그림에 어울리는 단어를 <보기>에서 찾아 써 봅시다.

보기	pillow	healthy	mouse	fairy

1 _____

2  _____

3  _____

4 _____

B 암호를 해독하여 알맞은 단어를 만들어 봅시다.

☆	♠	♧	∴	∨	♨
c	r	t	y	h	l
☎	■	♫	♭	¶	∞
u	o	b	w	n	e

1 | ¶ | ∞ | ♭ | → | n | | |

2 | ♫ | ☎ | ♠ | ∴ | → | b | | | |

3 | ♧ | ∞ | ∞ | ♧ | ∨ | → | t | | | | |

4 | ☆ | ☎ | ♨ | ♧ | ☎ | ♠ | ∞ | → | c | | | | | | |

5 | ☆ | ■ | ☎ | ¶ | ♧ | ♠ | ∴ | → | c | | | | | | |

Unit 08

My Raising Tadpoles Diary

My friends and I found some frog eggs. We decided to raise tadpoles.

Day 1	Day 7	Day 10
•My friends and I found some frog eggs in the pond near my house. •We were very excited.	•Tadpoles came out of the eggs. •There are 10 tadpoles.	•The tadpoles grew a lot. •They eat boiled lettuce.

배경지식 올챙이 기르기

개구리는 물에서도 살고 뭍에서도 살아서 양서류(amphibians)라고 하지요. 올챙이의 뒷다리가 나오면서부터는 수조 안에 돌이나 모래로 육지를 만들어 주어야 해요. 올챙이 먹이로는 삶은 시금치, 밥, 멸치, 금붕어 먹이 등이 좋습니다. 다 자란 올챙이를 놓아줄 때는 날이 맑지 않은 흐린 날, 올챙이나 개구리 알을 채집한 곳에 다시 가서 놓아주는 것이 좋다고 하는군요.

Day 22	Day 32	Day 58
• The tadpoles have two back legs. • It is amazing.	• Now the tadpoles have four legs. • They look like frogs, but they still have tails.	• The tadpoles don't have tails anymore. • They are frogs now.

On a cloudy day, I brought the frogs to the pond. The frogs jumped away. It was a wonderful experience watching the tadpoles grow and change!

Keywords ✏ 아래의 말을 본문에서 찾아 동그라미 표시한 후 따라 써 봅시다.

1 frog
frog

2 tadpole
tadpole

3 pond
pond

4 near
near

After You Read

A 그림에 어울리는 문장을 골라 봅시다.

1

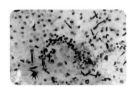

- a Chicks came out of eggs.
- b Tadpoles came out of eggs.

2

- a They are front legs.
- b They are back legs.

B 앞 글의 내용과 일치하도록 다음 표현을 바르게 연결하여 문장을 완성해 봅시다.

1

My friends and I found

- a a frog in the pond
- b some frog eggs in the pond

→ My friends and I found _____.

2

The frogs

- a jumped away
- b flew away

→ The frogs _____.

Vocabulary Practice

A 그림에 어울리는 단어를 〈보기〉에서 찾아 써 봅시다.

> 보기   diary   grow   tail   boil

1

_____

2

_____

3

_____

4

_____

B 암호를 해독하여 알맞은 단어를 만들어 봅시다.

☆	♠	♧	∴	∨	♨
n	a	f	t	r	l
☎	◼	♫	♭	¶	∞
e	d	p	f	g	o

1 ☎ ¶ ¶ → e ☐ ☐

2 ♫ ∞ ☆ ◼ → p ☐ ☐ ☐

3 ☆ ☎ ♠ ∨ → n ☐ ☐ ☐

4 ♭ ∨ ∞ ¶ → f ☐ ☐ ☐

5 ∴ ♠ ◼ ♫ ∞ ♨ ☎ → t ☐ ☐ ☐ ☐ ☐ ☐

Unit 09

Make a Wish

Donna is my best friend. She is from Canada. She came to Korea last year. She lives near my house. We go to school together in the morning and come home together after school.

문화 소원을 비는 풍습

소원을 비는 풍습에는 어떤 것이 있을까요? 스페인과 포르투갈 등에서는 제야의 종이 열두 번 울릴 때에 맞춰 열두 개의 포도알을 먹으며 소원을 빈답니다. 러시아에서는 신발 안에 동전을 넣어두면 소원이 이루어지고 행운이 찾아온다고 믿는대요.

Yesterday on the way home, we saw some white dandelion seeds. Donna said, "Let's make a wish. When we blow the dandelion seeds, our wishes will come true." She said many Canadians believe that.

Her wish was to see her friends in Canada. My wish was to visit Canada in the near future. I hope that we can go to Canada together someday.

* dandelion 민들레

Keywords ✎ 아래의 말을 본문에서 찾아 동그라미 표시한 후 따라 써 봅시다.

1 live

live

2 seed

seed

3 wish

wish

4 future

future

After You Read

A 그림에 어울리는 문장을 골라 봅시다.

1

a She is from Canada. **b** She is from China.

2

a I throw dandelion seeds. **b** I blow dandelion seeds.

B 앞 글의 내용과 일치하도록 다음 표현을 바르게 연결하여 문장을 완성해 봅시다.

1

Donna's wish was

- **a** to see her friends
- **b** to see her grandparents

→ Donna's wish was _____.

2

Donna lives

- **a** near my house
- **b** far from my house

→ Donna lives _____.

A 그림에 어울리는 단어를 〈보기〉에서 찾아 써 봅시다.

보기   blow   together   white   Canada

1  _____

2 _____

3  _____

4 _____

B 암호를 해독하여 알맞은 단어를 만들어 봅시다.

☆	♠	♧	∴	∨	♨	☎
o	s	i	b	w	d	l
◼	♫	♭	¶	∞	≑	※
v	e	t	h	f	u	r

1 ♠ ♫ ♫ ♨ → s | | |

2 ∨ ♧ ♠ ¶ → w | | |

3 ◼ ♧ ♠ ♧ ♭ → v | | | |

4 ∞ ≑ ♭ ≑ ※ ♫ → f | | | | |

5 ∴ ♫ ☎ ♧ ♫ ◼ ♫ → b | | | | | |

My Camping Trip

My family went camping last Saturday. Mom and I put up the tent and decorated it together. Then, we all went fishing and swimming.

문화 다른 나라의 게임

본문에 나오는 'I Spy' 게임은 술래가 마음속으로 주변의 사물 중 하나를 정한 뒤 이를 설명하면 다른 사람들이 그것이 무엇인지 맞추는 일종의 추측 게임이에요. 우리나라의 수건돌리기와 유사한 'Duck Duck Goose', 사방치기와 비슷한 'Hopscotch'도 인기 있는 게임이죠.

Dad grilled hotdogs for dinner. He also toasted marshmallows. He put marshmallows on the end of the sticks and toasted them over the camp fire. They were so delicious.

After dinner, we played a game of "I Spy" around the fire. We talked and laughed a lot. It was a bit chilly outside at night, but I felt really excited to sleep in a sleeping bag. It was an unforgettable time for my entire family.

Keywords 🖊 아래의 말을 본문에서 찾아 동그라미 표시한 후 따라 써 봅시다.

1 camping

camping

2 decorate

decorate

3 fire

fire

4 laugh

laugh

After You Read

A 그림에 어울리는 문장을 골라 봅시다.

1

a They went swimming.　　**b** They went fishing.

2

a It is so delicious.　　**b** It is yucky.

B 앞 글의 내용과 일치하도록 다음 표현을 바르게 연결하여 문장을 완성해 봅시다.

1

Dad put marshmallows

• **a** on the end of the sticks

• **b** in a pan

→ Dad put marshmallows _____.

2

They played a game

• **a** around the fire

• **b** by the river

→ They played a game _____.

Vocabulary Practice

A 그림에 어울리는 단어를 〈보기〉에서 찾아 써 봅시다.

> 보기   toast   sleep   tent   decorate

1 _____

2  _____

3  _____

4 _____

B 암호를 해독하여 알맞은 단어를 만들어 봅시다.

☆	♠	♧	∴	∨	♨	☎
f	c	r	p	e	l	a
▣	♫	♭	¶	∞	≑	※
y	g	f	n	i	l	m

1 ♭ ∞ ♧ ∨ → f ☐ ☐ ☐

2 ♫ ☎ ※ ∨ → g ☐ ☐ ☐

3 ♫ ♧ ∞ ♨ ♨ → g ☐ ☐ ☐ ☐

4 ☆ ☎ ※ ∞ ≑ ▣ → f ☐ ☐ ☐ ☐ ☐

5 ♠ ☎ ※ ∴ ∞ ¶ ♫ → c ☐ ☐ ☐ ☐ ☐ ☐

Zooming In

Look & Think

□ 다음 그림을 보고 생각나는 것을 자유롭게 말해 봅시다.

> 날씨는 덥지만
> 시원한 수박을 먹으면
> 기분이 좋아져요.

Reading Tip

영어로 된 글을 읽을 때에는 여러 가지 다양한 방식을 적용해 볼 수 있어요. 혼자서 읽거나 짝과 함께 읽을 수도 있고, 여러 사람이 다함께 읽을 수도 있겠죠. 조용히 눈으로만 읽을 수도 있고(silent reading, 우리말로는 '묵독'이라고 해요), 소리 내어 읽을 수도 있고요. 다양하게 글을 읽다보면 지루해질 틈이 없겠죠?

Q **Unit 14의 지문은 어떻게 읽는 것이 좋을지 생각해 봅시다.**

> Pencil, Pencil
> Sharpener, Eraser가
> 대화를 나누고 있으니
> 친구들과 함께 소리 내어
> 읽으면 좋을 것
> 같아요!

Word Power

■ 다음 그림에서 여러분이 그 뜻을 이미 알고 있는 단어를 찾아 노란색 형광펜을 칠해 보세요.
이전에 본 적은 있지만 그 뜻을 모르는 단어에는 파란색 형광펜을 칠해 봅시다.

Grammar for Reading

영어 문장에서 주어와 함께 가장 중요한 요소로 동사(verb)를 꼽을 수 있습니다. 동사는 동작이나 상태
를 나타내는 말이에요. 문장에서 주체가 되는 주어가 무엇인지, 그리고 그것과 연관되는 동사는 또 무엇
인지를 정확히 찾을 수 있어야 하겠습니다.

I like his short curly hair.

→ 이 문장에서 주어는 I, 동사는 like입니다.

> **Q** 다음 문장의 주어와 동사는 각각 무엇일까요?
>
> His kimchi fried rice is my favorite.

정답 | 주어: His kimchi fried rice / 동사: is

I am proud of my dad. My dad is a great cook. He likes to cook. His kimchi fried rice is my favorite. It is super tasty. Do you want to know my dad's secret recipe?

Kimchi Fried Rice

First, chop up some kimchi, onions, and mushrooms.
Second, pan-fry the chopped vegetables in oil.
Third, add some rice, kimchi juice, and gochujang.
Then, mix it all together.
Finally, add sesame oil and place a cooked egg on top.

어휘 요리사는 cook과 cooker 둘 중에 어느 것일까요?

'가르치다'는 뜻인 teach에 -er를 붙이면 teacher, 즉 '선생님'이 되는 것을 알고 있나요? 그런데, cook은 '요리하다'라는 뜻과 '요리하는 사람, 요리사'란 뜻을 다 가지고 있어요. 만약에 cook에 -er를 붙이게 되면 '요리사'가 아니라 '요리 도구'를 의미하게 된답니다.

That's it! Your yummy kimchi fried rice is ready. I hope you enjoy it.

* pan-fry 프라이팬에 볶다[굽다]

Keywords ✎ 아래의 말을 본문에서 찾아 동그라미 표시한 후 따라 써 봅시다.

1 proud

proud

2 cook

cook

3 together

together

4 hope

hope

After You Read

A 글의 내용을 바탕으로, 아래 문장이 맞으면 True, 틀리면 False에 ○표 해 봅시다.

1 My dad cooks well.

| True | False |

2 I like my dad's kimchi fried rice.

| True | False |

3 My dad's gimbap is my favorite food.

| True | False |

B 사다리 타기를 해서 문장을 완성해 적어보고, 글의 내용과 일치하지 않는 부분을 찾아 고쳐 써 봅시다.

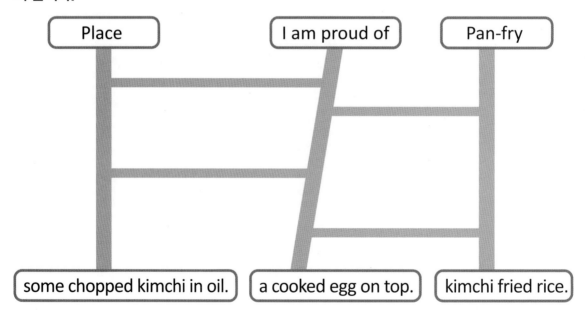

Place   I am proud of   Pan-fry

some chopped kimchi in oil.   a cooked egg on top.   kimchi fried rice.

1 _____

2 _____

3 _____

Vocabulary Practice

A 그림에 어울리는 단어를 〈보기〉에서 찾아 써 봅시다.

보기　　　　mushroom　　rice　　egg　　onion

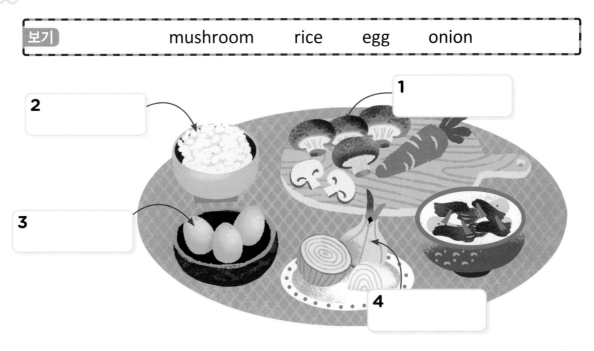

B 우리말 뜻을 보고 영어 십자말풀이를 완성해 봅시다.

우리말 뜻

across →
1 자랑스러워하는, 자랑스러운
2 요리를 하는 사람, 요리사

down ↓
1 놓다
3 기름

My Lovely Cousins

This is a photo of my cousins.

Jimin is wearing a gray T-shirt and black pants. She has long straight hair. She is the same age as me. She loves animals. She wants to be a vet.

The boy in the middle is William. I like his short curly hair. He is so cute. He likes reading books. He wants to be a writer.

문화 **영어권 나라에서도 오빠, 누나라는 호칭이 있을까요?**

우리나라에서는 나이에 따라서 부르는 호칭이 달라지요. 예를 들어, 나보다 나이가 많을 때는 언니, 오빠, 형, 누나 등과 같이 이름 뒤에 호칭을 붙여서 불러요. 그러나 영국이나 미국에서는 나보다 나이가 많아도 호칭 없이 이름으로 부른답니다.

The tall boy is Junhee. He is holding a ball. He likes playing soccer. He wants to be a soccer player. I want to be a soccer player, too.

My cousins are so lovely. I love playing with them.

After You Read

A 글의 내용을 바탕으로, 아래 문장이 맞으면 True, 틀리면 False에 ○표 해 봅시다.

1 Jimin is wearing black pants.

| True | False |

2 William wants to be a vet.

| True | False |

3 The boy with short curly hair is Junhee.

| True | False |

B 사다리 타기를 해서 문장을 완성해 적어보고, 글의 내용과 일치하지 않는 부분을 찾아 고쳐 써 봅시다.

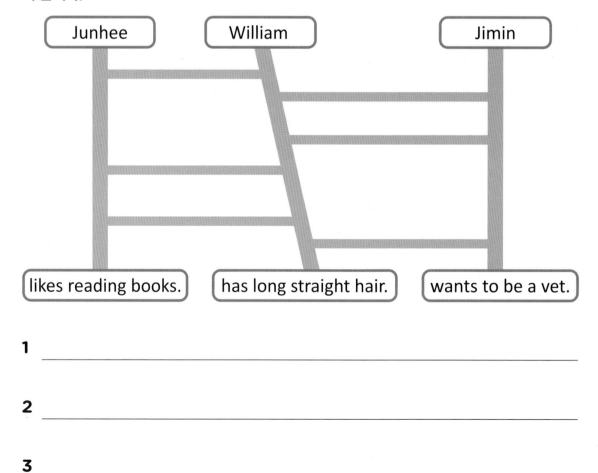

1 _____

2 _____

3 _____

Vocabulary Practice

A 그림에 어울리는 단어를 〈보기〉에서 찾아 써 봅시다.

> 보기   T-shirt   ball   book   pants

1	2
3	4

B 우리말 뜻을 보고 영어 십자말풀이를 완성해 봅시다.

1 V		2		
		3		
4				

우리말 뜻

across →
1 수의사
3 동물
4 대단히 좋아하다, 사랑하다

down ↓
2 키가 큰

Unit

13

A Hanok

Our family went to a hanok village last Saturday. A hanok is a traditional Korean house. I found the hanok homes really beautiful. They are made of things from nature such as wood, straw, dirt, and stone.

 온돌

온돌은 철기 시대부터 사용해 온 우리나라 고유의 난방 장치예요. 순수한 우리말로 '구운 돌'의 약자인 '구들'이라고도 합니다. 아궁이에 불을 때면 뜨거운 연기가 방바닥 아래의 빈 곳을 지나면서 구들장을 데워서 방바닥을 따뜻하게 만들어 주지요.

I learned about maru and ondol there. Summer in Korea is very hot and humid. Maru is a wide wooden floor in an airy room.

It is the perfect place to sit on in the summer.

Ondol is an underfloor heating system. Our ancestors survived the cold winters thanks to ondol.

* underfloor 바닥 아래에 설치하는

Keywords 🖊 아래의 말을 본문에서 찾아 동그라미 표시한 후 따라 써 봅시다.

1 family
family

2 village
village

3 house
house

4 winter
winter

After You Read

A 글의 내용을 바탕으로, 아래 문장이 맞으면 True, 틀리면 False에 ○표 해 봅시다.

1 A hanok is a traditional Korean house.

True　False

2 Maru is an underfloor heating system.

True　False

3 Our ancestors survived the cold winters thanks to ondol.

True　False

B 사다리 타기를 해서 문장을 완성해 적어보고, 글의 내용과 일치하지 않는 부분을 찾아 고쳐 써 봅시다.

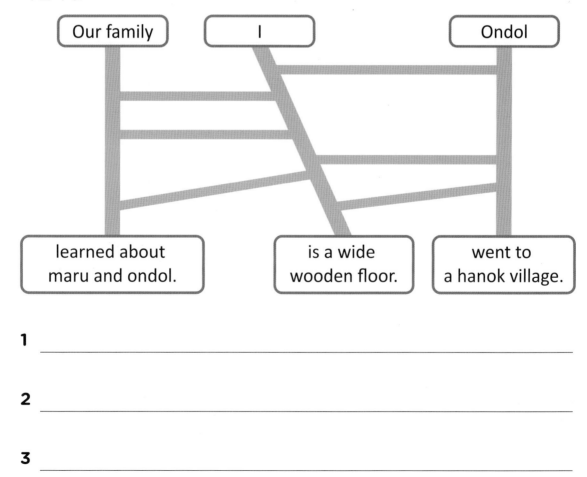

| Our family | I | Ondol |

| learned about maru and ondol. | is a wide wooden floor. | went to a hanok village. |

1 _____

2 _____

3 _____

Vocabulary Practice

A 그림에 어울리는 단어를 〈보기〉에서 찾아 써 봅시다.

보기 wood   floor   house   room

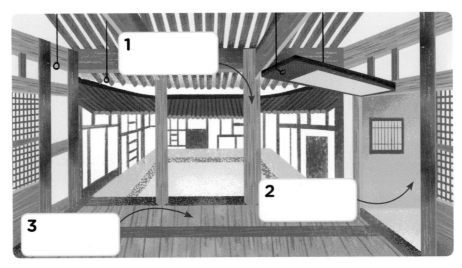

1

2

3

4

B 우리말 뜻을 보고 영어 십자말풀이를 완성해 봅시다.

우리말 뜻

across →
1 배우다
3 앉다
4 완벽한

down ↓
2 자연

Who Is the Most Important?

Jiwon turned off the light. It became dark and silent. Jiwon fell asleep.

Look! Something is getting brighter and brighter. Oh, it is Jiwon's pencil case. Shh! Listen! You can hear something.

Pencil: Tomorrow Jiwon will take a math test. Without me, Jiwon can't take the test. I am the most important!

Pencil Sharpener: What do you mean! What good will you be if you have a broken tip? Without me, Jiwon can't use you. I'm the most important!

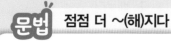 점점 더 ∼(해)지다

become과 get은 '∼(해)지다'라는 뜻을 가지기도 합니다. "It became dark and silent."는 "어두워지고 조용해졌다"라는 뜻이 되지요. "The pencil case is getting brighter and brighter."는 "필통이 점점 더 밝아지고 있다."라는 뜻이에요.

Eraser: No, I don't think so. I am the most important!
Without me, how can Jiwon correct her answers?

What do you think? Who is the most important, Pencil, Pencil Sharpener, or Eraser?

Keywords 🖊 아래의 말을 본문에서 찾아 동그라미 표시한 후 따라 써 봅시다.

1 listen

listen

2 tomorrow

tomorrow

3 use

use

4 eraser

eraser

After You Read

A 글의 내용을 바탕으로, 아래 문장이 맞으면 True, 틀리면 False에 ○표 해 봅시다.

1 Jiwon turned on the light.　　　　　　　　　True　False

2 Jiwon's pencil case got darker and darker.　　　True　False

3 Jiwon can correct her answers with Eraser.　　　True　False

B 사다리 타기를 해서 문장을 완성해 적어보고, 글의 내용과 일치하지 않는 부분을 찾아 고쳐 써 봅시다.

| I am | Jiwon fell | Jiwon will take |

| asleep. | the most important! | an English test. |

1 _____

2 _____

3 _____

Vocabulary Practice

A 그림에 어울리는 단어를 〈보기〉에서 찾아 써 봅시다.

보기   asleep   pencil case   dark   bright

B 우리말 뜻을 보고 영어 십자말풀이를 완성해 봅시다.

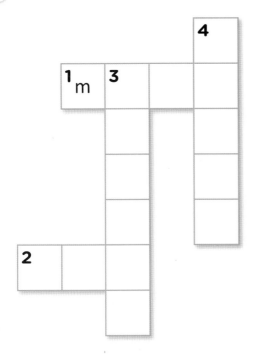

우리말 뜻

across →
1 수학
2 사용하다

down ↓
3 답, 대답하다
4 생각하다

Unit 15

It Is Still Hot, but ...

"It is hot and humid. I sweat a lot. I can't sleep well. I hate mosquitoes. I hate summer."

I complained about the summer weather. My grandmother smiled at me. Then, she said, "Hannah, when I was young, I complained about everything. But my complaints didn't change anything. So, I stopped complaining. Instead, I started to be grateful for everything. That changed my life."

 계절에 따른 날씨 표현

계절에 따른 날씨를 영어로 알아볼까요? 따뜻한 봄 날씨는 "It is warm(따뜻해요).", 여름 날씨는 "It is hot and humid(덥고 습해요)."라고 표현할 수 있어요. 가을에는 "It is cool(시원해요).", 겨울에는 "It is cold(추워요)."라고 말해 보세요.

I did not clearly understand her, but I wanted to stop complaining. I took a bite of the watermelon, and said, "It is still hot. But the weather is perfect for enjoying a slice of cold watermelon."

My grandmother gave me a thumbs up with a warm smile.

* complain 불평하다
* complaint 불평

Keywords 🖋 아래의 말을 본문에서 찾아 동그라미 표시한 후 따라 써 봅시다.

1 hate

hate

2 weather

weather

3 young

young

4 change

change

After You Read

A 글의 내용을 바탕으로, 아래 문장이 맞으면 True, 틀리면 False에 ○표 해 봅시다.

1 I like summer.

True | False

2 I can sleep well during the summer.

True | False

3 My grandmother still complains about the summer weather.

True | False

B 사다리 타기를 해서 문장을 완성해 적어보고, 글의 내용과 일치하지 않는 부분을 찾아 고쳐 써 봅시다.

I complained about	I hated	My grandmother gave me

a thumbs up.	mosquitoes.	a slice of cold watermelon.

1 _____

2 _____

3 _____

Vocabulary **Practice**

A 그림에 어울리는 단어를 〈보기〉에서 찾아 써 봅시다.

| 보기 | sweat | watermelon | thumb | grandmother |

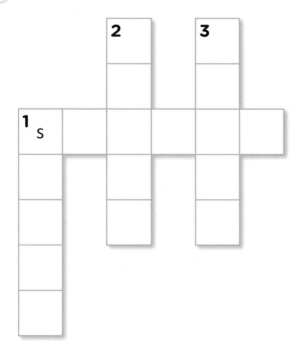

1
2
3
4

B 우리말 뜻을 보고 영어 십자말풀이를 완성해 봅시다.

2
3
1 S

우리말 뜻

across →
1 여름

down ↓
1 미소 짓다, 웃다
2 습한
3 자다

Zooming In

Look & Think

■ 다음 그림을 보고 생각나는 것을 자유롭게 말해 봅시다.

> 번개가 치는 밤, 동생은 잔뜩 겁에 질렸어요.

Reading Tip

영어에는 100만 개가 훌쩍 넘는 엄청난 수의 단어들이 있다고 해요. 그 많은 단어를 모두 기억한다는 것은 불가능한 일이겠죠? 영어로 된 글을 읽을 때 모르는 단어나 표현을 여러분 나름의 방식으로 표시해두는 습관을 가져보세요. 영어 독해를 잘하고 싶다면 어휘의 형태와 그 의미에 대해 꾸준히 관심을 가져야 한답니다.

> and와 something이 각각 일곱 번씩 나오고 있어요!

> ⓠ Unit 19의 읽기 지문에서 가장 많이 등장하는 단어는 the입니다. 그 다음으로 많이 등장하는 단어는 무엇일까요?

Word Power

■ 다음 그림에서 여러분이 그 뜻을 이미 알고 있는 단어를 찾아 노란색 형광펜을 칠해 보세요.
이전에 본 적은 있지만 그 뜻을 모르는 단어에는 파란색 형광펜을 칠해 봅시다.

Grammar for Reading

긴 문장은 적절히 끊어 읽어야 합니다. 대표적으로 콤마(,)가 있는 부분에서는 끊어 읽기를 통해 호흡을 쉬어 갈 수 있지요. 콤마가 없는 경우에도 하나의 의미 덩어리를 이루는 단위를 찾아 끊어 읽기를 연습하는 것이 중요해요. 참고로, 절대적으로 정해져 있는 끊어 읽기 방식이란 존재하지 않아요. 사람마다 모두 제각기 다른 방식으로 끊어 읽기를 하거든요.

I like / staying inside / on rainy days.

→ 두 번 끊어 읽기 한 경우입니다. inside 다음에 한 번만 끊어 읽을 수도 있답니다.

> @ **다음 문장을 세 번 끊어 읽기 해봅시다.**
>
> Ten students chose the pajama party as the best memory of the year.

정답 | Ten students / chose the pajama party / as the best memory / of the year.

The V-sign

Do you know what the V-sign is? You can make the V-sign with your index and middle fingers. It means "victory" or "peace" in many countries.

When Asians take photos, they often use the V-sign. For them, it is just like saying cheese in western countries.

문화 같은 제스처, 다른 의미

우리가 무심결에 하는 수많은 제스처가 나라마다 다른 뜻을 가질 수도 있기 때문에 조심해야 한답니다. 나와 다르기 때문에 틀린 것이 아니라, 서로의 다름을 인정하고 서로 배려해 주는 것이 필요하지요. 본문에 나온 브이 표시처럼, 엄지를 위로 치켜세우는 제스처도 우리에게는 좋은 의미이지만, 이탈리아나 그리스에서는 욕을 뜻한다고 해요.

Similar gestures may have different meanings from one country to another. When you make the V-sign in photos,

keep your palm facing outward. Do not have your palm facing inward. It may be a rude sign in some

countries. For example, people in the United Kingdom and Australia may think you are angry with them.

* palm 손바닥   * outward 밖으로 향하는

Keywords

🖊 아래의 말을 본문에서 찾아 동그라미 표시한 후 따라 써 봅시다.

1 sign

sign

2 finger

finger

3 peace

peace

4 country

country

After You Read

A 글의 내용을 바탕으로, 다음 질문을 읽고 알맞은 답을 골라 봅시다.

1 What does the V-sign mean in many countries?

① victory   ② photos

2 What goes in the blank?

> When you make the V-sign in photos in the United Kingdom, keep your palm facing _____.

① inward   ② outward

B 다음을 순서대로 연결하여 문장을 완성해 봅시다.

1 know   Do   you   the V-sign is?   what

→ _____

2 the V-sign   with   your index and middle fingers.

You can make

→ _____

3 different meanings   Similar gestures   may have

from one country to another.

→ _____

Vocabulary Practice

A 그림에 어울리는 단어를 〈보기〉에서 찾아 써 봅시다.

> **보기**   finger   people   angry   palm

1

2

3

4

B 〈보기〉에 있는 단어를 철자판에서 찾아 ○표 하고, 찾은 단어를 우리말 뜻과 함께 아래에 써 봅시다.

> **보기**   victory   different   outward   rude

a	b	o	u	t	w	a	r	d	e
p	v	e	b	k	d	f	m	n	x
p	i	x	e	y	i	a	u	o	c
l	c	c	a	t	f	n	b	v	e
w	t	e	u	r	f	t	m	e	p
o	o	l	t	e	e	a	o	m	t
r	r	l	i	f	r	s	n	w	i
a	y	r	u	d	e	y	d	e	o
n	m	u	i	p	n	i	a	r	p
g	c	a	h	j	t	c	r	s	e

→ <u>victory 승리</u> <u>   </u> <u>   </u> <u>   </u>

17 A Birthday Gift for Mom

My mom's birthday was just around the corner. My sister and I went downtown to buy a gift for her. We walked along Apple Street. Then, we turned right at the bookstore. Oh, there was a lollipop

어휘 🐝 하늘만큼 땅만큼

흔히 어떤 것이 좋다고 표현할 때 '하늘만큼 땅만큼'이라고 이야기하지요? 이런 표현을 영어로 하고 싶다면 to the moon and back이라고 말해 보세요. '달에 갔다 올 만큼'이라는 뜻으로 자기의 마음이 그 정도로 크다는 것을 나타내지요. "We love you to the moon and back."은 "우리는 하늘만큼 땅만큼 당신을 사랑해요."라는 뜻이랍니다.

shop on our right. I really like lollipops, but I could not drop in there. We had to buy Mom's birthday present.

We went straight one block. We felt tired but could not stop walking. We had to buy something fancy for Mom. When we crossed the street, we found a flower shop! We remembered that Mom really likes roses. We bought some beautiful roses and a card for her. We wrote, "You are the best mom in the world! We love you to the moon and back."

* around the corner 바로 다가와서, 코앞에 와 있는

Keywords 🖉 아래의 말을 본문에서 찾아 동그라미 표시한 후 따라 써 봅시다.

1 corner

corner

2 shop

shop

3 present

present

4 remember

remember

After You Read

A 글의 내용을 바탕으로, 다음 질문을 읽고 알맞은 답을 골라 봅시다.

1 Where did I want to drop in?

① the lollipop shop　　　　② the bookstore

2 What did my sister and I buy for Mom?

① roses　　　　　　　② lollipops

B 다음을 순서대로 연결하여 문장을 완성해 봅시다.

1 | had to buy | present. | Mom's birthday | We |

→ _____

2 | We | felt tired | could not | stop walking. | but |

→ _____

3 | love you | and back. | We | to the moon |

→ _____

A 그림에 어울리는 단어를 〈보기〉에서 찾아 써 봅시다.

보기	gift　　bookstore　　birthday　　flower

1

2

3

4

B 〈보기〉에 있는 단어를 철자판에서 찾아 ○표 하고, 찾은 단어를 우리말 뜻과 함께 아래에 써 봅시다.

보기	buy　　rose　　present　　straight

s	b	a	o	k	y	m	y	o	z
o	u	n	i	n	w	b	a	b	q
n	y	e	s	m	r	o	s	e	e
e	l	c	t	z	b	n	m	l	e
v	p	p	r	e	s	e	n	t	t
h	h	o	a	o	q	o	p	y	r
i	u	s	i	b	i	a	h	o	i
v	e	i	g	v	n	n	v	c	o
g	z	q	h	p	u	a	n	m	w
a	w	p	t	w	l	y	u	i	p

→ _____ _____ _____

Unit 18 Hide-and-Seek

It was stormy outside. Lightning flashed, thunder crashed, and rain poured down. It was not bad though. I like staying inside on rainy days. I played board games with my brother.

Soon, my brother became tired of playing board games. He wanted to do something more interesting, like playing hide-and-seek.

We started playing, and I was "it", the seeker. I closed my eyes, and said, "Ready or not, here I come!" after counting to ten. I opened my eyes.

배경지식 숨바꼭질

'숨바꼭질'은 '술래잡기'라고도 하며, 영어로는 hide-and-seek이라고 해요. 주로 한 아이가 술래(it)가 되어 정해진 수를 다 센 후에 숨은 사람을 찾아내는 놀이예요. 오래전부터 많은 나라의 어린이들이 즐기고 있지요. 영국이나 미국에서는 술래가 숨은 사람들을 찾아 나서기 전에 "Ready or not, here I come!"이라고 외친답니다.

Whoa! My brother was gone! He was not behind the curtains. He was not in the wardrobe, either. I could not find him anywhere. I was about to shout "I can't find you!" when BOOM! CRASH! The thunder roared. My frightened brother ran to me. I said, "I found you. You're it!"

* frightened 겁먹은

Keywords ✏️ 아래의 말을 본문에서 찾아 동그라미 표시한 후 따라 써 봅시다.

1 stay

stay

2 play

play

3 brother

brother

4 shout

shout

After You Read

A 글의 내용을 바탕으로, 다음 질문을 읽고 알맞은 답을 골라 봅시다.

1 What do I like doing on rainy days?

① staying inside   ② going outside

2 What did my brother want to play?

① board games   ② hide-and-seek

B 다음을 순서대로 연결하여 문장을 완성해 봅시다.

1 | became tired of | board games. | playing | My brother |

→ _____

2 | wanted to do | more interesting. | He | something |

→ _____

3 | He | behind | was not | the curtains. |

→ _____

Vocabulary Practice

A 그림에 어울리는 단어를 〈보기〉에서 찾아 써 봅시다.

보기 frightened   curtains   wardrobe   lightning

1

2

3

4

B 〈보기〉에 있는 단어를 철자판에서 찾아 ○표 하고, 찾은 단어를 우리말 뜻과 함께 아래에 써 봅시다.

보기 stormy   thunder   shout   find

f	a	p	p	p	u	r	s	k	l
r	i	b	e	a	u	t	i	f	s
i	n	w	e	g	h	l	d	e	t
e	t	h	u	n	d	e	r	s	o
d	e	c	h	o	c	o	l	a	r
s	r	u	q	w	k	r	t	e	m
h	e	m	f	a	n	t	a	s	y
o	w	b	f	i	n	d	b	a	j
u	y	r	k	o	r	e	b	s	e
t	i	e	g	o	o	r	e	s	a

→ _____ _____ _____ _____

The Scavenger Hunt

It was a beautiful autumn day. The sky was blue. The air was fresh and clean. My class went on a field trip to a park. Dry leaves rustled and crunched underfoot. Our teacher gave us a list. We had to find the five things on the list.

AUTUMN SCAVENGER HUNT

1 something flat and red
2 something rough and bumpy
3 something on your face
4 something in your hair
5 something to put a smile on your face

 어휘 **autumn과 fall**

autumn과 fall, 둘 다 '가을'을 뜻하는 영어 낱말이에요. autumn은 영국에서 주로 사용하고, fall은 미국에서 주로 사용하지요. 이렇게 같은 뜻이라도 영국과 미국에서 사용하는 말이 조금씩 다를 수 있어요. 예를 들어, '바지'는 trousers(영국)와 pants(미국), '쓰레기'는 rubbish(영국), trash(미국)와 같이 다르게 말한답니다.

I found all the things on the list.

The flat and red thing was a maple leaf.

The rough and bumpy thing was tree bark.

The something on my face was the bright sun.

The something in my hair was the autumn wind.

And my best friends always put a smile on my face.

* rustle 바스락거리다

Keywords 🖊 아래의 말을 본문에서 찾아 동그라미 표시한 후 따라 써 봅시다.

1 beautiful
beautiful

2 autumn
autumn

3 fresh
fresh

4 clean
clean

After You Read

A 글의 내용을 바탕으로, 다음 질문을 읽고 알맞은 답을 골라 봅시다.

1 What rustled and crunched underfoot?

① the autumn wind   ② dry leaves

2 What was something flat and red?

① a maple leaf   ② tree bark

B 다음을 순서대로 연결하여 문장을 완성해 봅시다.

1 [was] [a beautiful] [It] [autumn day.]

→ _____

2 [was] [on my face] [the bright sun.] [The something]

→ _____

3 [put a smile] [always] [My best friends] [on my face.]

→ _____

Vocabulary Practice

A 그림에 어울리는 단어를 <보기>에서 찾아 써 봅시다.

보기	leaf park bark wind

1

2

3

4

B <보기>에 있는 단어를 철자판에서 찾아 ○표 하고, 찾은 단어를 우리말 뜻과 함께 아래에 써 봅시다.

보기	sky flat teacher sun

s	k	i	f	o	u	n	s	u	n	n
p	f	l	a	t	o	u	d	e	r	v
f	l	a	l	e	p	n	o	y	v	x
u	n	d	t	a	q	d	y	o	x	c
y	k	f	p	c	w	e	r	w	c	e
f	o	o	p	h	z	m	r	p	e	a
s	k	y	o	e	x	b	s	q	a	p
t	e	a	c	h	e	r	o	t	y	p
s	i	n	g	o	i	t	q	x	p	l
n	i	n	a	p	w	t	p	p	l	l

→ _____ _____ _____

The Best Activity of the Year

We enjoyed many school activities this year. Ten students chose the pajama party as the best memory of the year. We brought pajamas to school. We made some crafts and had some fruit and snacks in our pajamas. We watched good movies, too.

Seven students chose the sports day. We played various games like egg and spoon races. Our classmates cheered us on and we celebrated after winning the games.

배경지식 가상현실

가상현실(Virtual Reality: VR)이란 실제로 하는 것이 아니라 가상의 세계에서 이루어지는 것을 말해요. 가상현실 기법이 적용된 게임인 경우는 컴퓨터로 어떤 상황이나 환경을 만들어서, 사용자가 VR 헤드셋 등을 쓰고 보면 마치 그 환경에 들어와 있는 것처럼 보여주게 되지요.

Four students picked a field trip. Last spring, we went to the science museum and had fun with virtual reality (VR). We colored a car without paint and danced on virtual stage. It was a special experience.

I am sure everyone will keep these good memories forever.

Activities	The number of students
Field Trip	😀 😀 😀 😀
Pajama Party	😀 😀 😀 😀 😀 😀 😀 😀 😀 😀
Sports Day	😀 😀 😀 😀 😀 😀 😀

* egg and spoon races 숟가락 위에 달걀 얹고 달리기

Keywords ✏️ 아래의 말을 본문에서 찾아 동그라미 표시한 후 따라 써 봅시다.

1 fruit

fruit

2 watch

watch

3 classmate

classmate

4 win

win

After You Read

A 글의 내용을 바탕으로, 다음 질문을 읽고 알맞은 답을 골라 봅시다.

1 What was the most popular activity in my class?

① the sports day   ② the pajama party

2 What did the students do in the science museum?

① They made some crafts.

② They colored a car without paint.

B 다음을 순서대로 연결하여 문장을 완성해 봅시다.

1   Ten students   pajama   the   party.   chose

→ _____

2   We   games   played   like egg and spoon races.   various

→ _____

3   danced   We   stage.   virtual   on

→ _____

Vocabulary Practice

A 그림에 어울리는 단어를 〈보기〉에서 찾아 써 봅시다.

보기　　　celebrate　　pajamas　　dance　　museum

1
☐☐☐☐☐☐☐

2
☐☐☐☐☐☐☐☐☐

3
☐☐☐☐☐☐

4
☐☐☐☐☐

B 〈보기〉에 있는 단어를 철자판에서 찾아 ○표 하고, 찾은 단어를 우리말 뜻과 함께 아래에 써 봅시다.

보기　　　activity　　student　　memory　　science

a	x	c	y	m	e	m	o	r	y
s	c	i	e	a	y	o	s	i	x
f	a	n	t	c	g	p	t	u	q
p	p	u	t	t	d	u	u	m	p
u	i	y	a	i	c	y	d	f	h
p	n	r	b	v	a	z	e	s	r
p	s	e	q	i	c	x	n	c	t
l	f	a	m	t	a	t	t	i	c
w	m	a	w	y	u	i	r	u	i
s	c	i	e	n	c	e	w	y	l

→ _____　_____　_____　_____

수학

꽉

잡아

초등 '국가대표' 만점왕
이제 수학도 꽉 잡아요!

EBS 선생님 무료강의 제공

① 연산	② 기본	③ 응용	④ 심화
예비 초등~6학년	초등1~6학년	초등1~6학년	초등4~6학년

한국사를 만화로만 배웠더니
기억이 나지 않는다면?

스토리
한국사

초등 고학년 교과서가 쉬워지는 스토리텔링 한국사!

스	토	리		한	국	사	!

스토리 **한국사 1**권
고대~조선 전기

스토리 **한국사 2**권
조선 후기~현대

재미있는 **활동북**으로
한국사능력검정시험까지 **대비**하는
스토리 한국사!

EBS

정답과 해설

EBS랑 홈스쿨 초등 영어

HOME SCHOOL

초등 영독해 LEVEL 1

집에서 즐겁게 공부하는 초등 영어

다양한 부가 자료와 함께! TV·인터넷·모바일로 쉽게 하는 홈스쿨링 영어

EBS 초등사이트 eWorkbook(받아쓰기, 단어테스트, 리뷰테스트 등) PDF, MP3와 무료 강의 제공

초등부터 EBS

공부의 핵심, 이제는 국어 독해력이다!

EBS 초등 국어 독해 훈련서

4주 완성 **독해력**

 수능의 성패를 판가름하는 국어 독해력,

독해력은 모든 교과 공부의 기초,

〈4주 완성 독해력〉으로 초등부터 독해력을 키우자!

EBS랑 홈스쿨 초등 영어

HOME SCHOOL

초등
영독해
LEVEL
1

정답과 해설

정답과 해설

Unit 01 The Playground

지문 해석

하교 후, 나는 놀이터로 나가는 것을 좋아해요. 놀이터에는 시소, 미끄럼틀, 그네, 모래사장, 그리고 정글짐이 있어요. 나는 그네를 가장 좋아해요. 내가 그네를 높이 탈 때, 나는 무척 신이 나요. 내가 파란 하늘에서 나는 것 같은 기분을 느껴요.

때때로 나는 친구들과 모래성을 만들기도 해요. 나는 풀에서 벌레 잡는 것도 좋아해요. 놀이터는 내가 가장 좋아하는 장소예요.

어휘

playground (공원의) 놀이터, (학교의) 운동장

seesaw 시소

slide 미끄럼틀

swing 그네; 그네 타다

sandbox 모래사장

jungle gym 정글짐

like 좋아하다; ~와 같은

most 가장, 최고[최대]

high 높이

excited 신이 난

feel 느끼다

fly 날다

sky 하늘

sometimes 때때로

sandcastle 모래성

friend 친구

catch 잡다

bug 벌레, 작은 곤충

grass 풀

favorite 가장 좋아하는

place 장소

Keywords

해석

1 놀이터 **2** 신이 난 **3** 날다 **4** 가장 좋아하는

After You Read

A

정답

1 a

2 b

해석

1 나는 그네를 가장 좋아한다.

2 나는 모래성을 만든다.

해설

1 그네(swing)를 타는 그림을 고른다.

2 모래성(sandcastles)을 만드는 그림을 고른다.

B

정답

1 slide

2 catch

3 favorite

해석

1 놀이터에는 시소와 미끄럼틀이 있다.

2 나는 풀에서 벌레 잡는 것을 좋아한다.

3 놀이터는 내가 가장 좋아하는 장소이다.

해설

1 놀이터에 시소와 미끄럼틀이 있으므로 '미끄럼틀'의 뜻을 가진 **slide**를 찾아 쓴다.

2 벌레 잡는 것을 좋아한다고 하였으므로 '잡다'의 뜻을 가진 **catch**를 찾아 쓴다.

3 놀이터가 가장 좋아하는 장소이므로 '가장 좋아하는'의 뜻을 가진 **favorite**를 찾아 쓴다.

Vocabulary **Practice**

A

정답

1 b

2 c

3 d

4 a

해석

1 미끄럼틀

2 그네; 그네 타다

3 정글짐

4 시소

B

정답

1 sky

2 fly

3 grass

4 excited

5 playground

해석

1 하늘

2 날다

3 풀

4 신이 난

5 놀이터

Unit 02 I Like Rainy Days

지문 해석

비가 올 때, 나는 비옷을 입고, 장화를 신어요. 나는 밖으로 나가서 비를 즐겨요. 나는 빗소리를 좋아해요. 그것은 나를 행복하게 해요.

나는 웅덩이들에서 깡충깡충 뛰고 점프하는 것도 좋아해요. 나는 웅덩이들에서 첨벙거려요. 나는 또한 진흙을 가지고 놀기도 해요. 나는 더러워지지만 상관하지 않아요. 나는 비 오는 날 달팽이와 지렁이를 볼 수 있어요. 비 오는 날엔 재미있는 일이 많아요.

어휘

rainy 비가 오는

rain 비가 오다; 비

wear 입다

raincoat 비옷

boots 장화

outside 밖으로, 밖에

enjoy 즐기다

sound 소리

happy 행복한

hop (깡충깡충) 뛰다

jump 점프하다, (두 발로 바닥을 차며) 뛰다

puddle 웅덩이

splash 첨벙거리다

play 놀다

mud 진흙

dirty 더러운

care 상관하다, 관심을 가지다

see 보다

snail 달팽이

fun 재미(즐거움)

Keywords

해석

1 비가 오다; 비   2 밖으로, 밖에   3 점프하다
4 놀다

After You Read

A

정답

1 b
2 a

해석

1 나는 비 오는 날을 좋아한다.
2 나는 밖으로 나간다.

해설

1 비 오는 날(rainy days)의 그림을 고른다.
2 밖으로(outside) 나가는 그림을 고른다.

B

정답

1 puddle
2 dirty
3 snail

해석

1 나는 웅덩이들에서 점프하는 것을 좋아한다.
2 내가 진흙을 가지고 놀 때, 나는 더러워진다.
3 나는 달팽이와 지렁이를 볼 수 있다.

해설

1 웅덩이들에서 점프하는 것을 좋아한다고 하였으므로 '웅덩이'의 뜻을 가진 puddle을 찾아 쓴다.
2 진흙을 가지고 놀 때 더러워진다고 하였으므로 '더러운'의 뜻을 가진 dirty를 찾아 쓴다.
3 달팽이와 지렁이를 볼 수 있다고 하였으므로 '달팽이'의 뜻을 가진 snail을 찾아 쓴다.

Vocabulary Practice

A

정답

1 c
2 d
3 b
4 a

해석

1 비옷
2 장화
3 달팽이
4 지렁이

B

1 mud
2 rain
3 jump
4 wear
5 happy

1 진흙
2 비가 오다; 비
3 점프하다
4 입다
5 행복한

Unit 03 Musical Class

뮤지컬 수업이 여러분을 위해 열려 있습니다. 누구나 이 수업에 참여하는 것을 환영합니다.

우리는 9월부터 12월까지 매주 월요일과 수요일에 만나서 연습할 예정입니다. 월요일에 우리는 노래 부르는 것을 연습할 것입니다. 수요일에 우리는 춤추는 것을 연습할 것입니다. 또한, 우리는 학교 크리스마스 축제에서 공연을 할 계획입니다.

여러분은 노래 부르는 것과 춤추는 것을 좋아하시나요? 이 수업에 참여하는 것은 어떤가요? 더 많은 정보가 필요하면, Ms. Thompson에게 이메일을 보내 주세요.

이메일: Thompson@****mail.com

class 수업
open 열려 있는
anybody 누구나, 누구든지
join (행위 등을(에)) 함께 하다, 참여하다, 가입하다
will ~할 것이다
meet 만나다
practice 연습하다
Monday 월요일
Wednesday 수요일
September 9월
December 12월
singing 노래 부르는 것
dancing 춤추는 것
performance 공연, 연주회
school 학교
festival 축제
information 정보
email 이메일(전자우편)을 보내다; 이메일(전자우편)

Keywords

1 수업   2 열려 있는   3 만나다   4 연습하다

After You Read

A

1 b
2 a

1 우리는 노래 부르는 것을 연습할 것이다.

2 9월이다.

1 노래 부르는 것(singing)을 연습하는 그림을 고른다.

2 9월(September)의 달력을 고른다.

정답

1 Wednesday

2 performance

3 email

해석

1 수요일에, 우리는 춤추는 것을 연습할 것이다.

2 우리는 학교 크리스마스 축제에서 공연을 할 계획이다.

3 더 많은 정보가 필요하면, Ms. Thompson에게 이메일을 보내 주세요.

해설

1 본문에서 수요일에 춤추는 것을 연습한다고 하였으므로 '수요일'의 뜻을 가진 Wednesday를 찾아 쓴다.

2 크리스마스 축제에서 공연을 한다고 하였으므로 '공연'의 뜻을 가진 performance를 찾아 쓴다.

3 더 많은 정보를 위해서는 이메일을 보내는 것이 어울리므로 '이메일을 보내다'의 뜻을 가진 email을 찾아 쓴다.

Vocabulary Practice

A

정답

1 d

---

2 a

3 b

4 c

해석

1 축제

2 노래 부르는 것

3 춤추는 것

4 수업

B

정답

1 Monday

2 Wednesday

3 September

4 December

5 practice

해석

1 월요일

2 수요일

3 9월

4 12월

5 연습하다

Unit
04 My Pets

지문 해석

나는 두 마리의 반려동물, 레오와 루비를 기르고 있어요. 레오는 개이고, 루비는 고양이예요. 레오는 크지만 루비는 작아요. 레오는 짖고, 루비는 야옹하고 울어요.

내가 레오와 놀 때, 나는 그와 함께 밖으로 나가서 공을 던져요. 레오는 그것을 뒤쫓아서 공을 잡는 것을 좋아해요. 레오는 행복할 때, 그의 꼬리를 흔들어요.

내가 루비와 놀 때, 나는 보통 그녀에게 상자들을 줘요. 그녀는 그곳에 숨는 것을 좋아해요. 루비는 행복할 때, 가르랑거려요. 루비와 레오는 다르지만 나는 둘 다 사랑해요.

어휘

pet 반려동물

two 둘

dog 개

cat 고양이

big 큰

small 작은

bark (개 등이) 짖다

meow (고양이 등이) 야옹하고 울다

throw 던지다

ball 공

happy 행복한

wag (꼬리를) 흔들다

tail 꼬리

give 주다, 제공하다

box 상자(pl. boxes)

hide 숨다, 감추다

purr (고양이 등이) 가르랑거리다

different 다른, 차이가 나는

Keywords

해석

1 반려동물 **2** 큰 **3** 작은 **4** 꼬리

After You Read

Ⓐ

정답

1 a

2 a

해석

1 나는 공을 던진다.

2 나의 고양이는 상자 안에 숨는 것을 좋아한다.

해설

1 공을 던지는(throw) 그림을 고른다.

2 고양이가 상자 안에 숨는(hide in boxes) 그림을 고른다.

Ⓑ

정답

1 small

2 bark

3 purr

해석

1 레오는 크지만, 루비는 작다.

2 레오는 짖고, 루비는 야옹하고 운다.

3 루비는 행복할 때, 가르랑거린다.

해설

1 레오는 크지만 루비는 작으므로 '작은'의 뜻을 가진 small을 고른다.

2 레오는 개이며 짖으므로 '짖다'의 뜻을 가진 bark를 고른다.

3 루비는 행복할 때 가르랑거리므로 '가르랑거리다'의 뜻을 가진 purr를 고른다.

Vocabulary Practice

Ⓐ

정답

1 a

2 c

3 b

4 d

해석

1 (꼬리를) 흔들다

2 상자

3 숨다

4 달리다

Ⓑ

정답

1 pet

2 two

3 ball

4 tail

5 small

해석

1 반려동물

2 둘

3 공

4 꼬리

5 작은

Unit 05

The Roly-Poly Bug

지문 해석

나는 나의 엄마랑 공원에서 걷고 있었습니다. 나는 작은 벌레를 보았습니다. 그것은 귀엽고 아주 작았습니다. 그것은 많은 다리를 가지고 있었습니다. 내가 그것을 잡으려고 했을 때, 그것은 몸을 둥글게 말아 공처럼 되었습니다. 난 소리쳤습니다. "이것 봐요, 엄마! 벌레가 공으로 변했어요!" 엄마가 말했습니다. "그것은 공벌레야. 네가 만지려고 할 때 그것은 몸을 둥글게 말아 공처럼 된단다. 그것은 roly-poly 벌레라고도 불린단다."

나는 공벌레가 무척 흥미롭다고 생각했습니다. 나는 곧장 도서관으로 갔습니다. 나는 그것들에 대해 더 잘 알기 위해 몇 권의 책을 읽었습니다. 벌레에 대해 알게 되는 것은 매우 재미있는 일입니다!

어휘

bug 벌레, 작은 곤충

walk 걷다

mom 엄마, 어머니

park 공원

cute 귀여운

tiny 아주 작은

many 많은

leg 다리

try 하려고 하다, 시도하다

catch 잡다

roll (둥글게) 말다, 감다

shout 외치다, 소리치다

look 보다

change 변하다, 바뀌다

touch 만지다, 건드리다

call ~라고 부르다

interesting 흥미로운

library 도서관

read 읽다

book 책

learn ~을 알게 되다

Keywords

해석

1 벌레 **2** (둥글게) 말다 **3** 변하다 **4** 흥미로운

After You Read

정답

1 b

2 b

해석

1 그것은 귀엽고 아주 작았다.

2 나는 도서관에 갔다.

해설

1 귀엽고 아주 작은 것(cute and tiny)을 가리키는 그림을 고른다.

2 도서관(library)을 가리키는 그림을 고른다.

B

정답

1 mom

2 catch

3 roll

해석

1 나는 나의 엄마와 공원에서 걷고 있었다.

2 나는 벌레를 잡으려고 하였다.

3 벌레는 몸을 둥글게 말아 공처럼 되었다.

해설

1 엄마와 공원을 걸었다고 하였으므로 '엄마'를 뜻하는 mom을 고른다.

2 벌레를 잡으려고 하였으므로 '잡다'를 뜻하는 catch를 고른다.

3 벌레가 몸을 둥글게 말았다고 하였으므로 '(둥글게) 말다'를 뜻하는 roll을 고른다.

Vocabulary Practice

A

정답

1 c

2 b

3 a

4 d

해석

1 아주 작은

2 다리

3 만지다

4 공원

B

정답

1 bug

2 walk

3 look

4 shout

5 library

1 벌레, 작은 곤충

2 걷다

3 보다

4 외치다, 소리치다

5 도서관

Unit
06 **We Are Monsters**

지문 해석

  안녕! 나의 이름은 드레이크야.

  이분이 나의 아빠야. 나는 그에 대해 말하고 싶어. 그는 등에 파란색과 검은색 점이 있는 초록 몸을 가지고 있어. 그는 세 개의 눈을 가지고 있어. 그는 돼지 같은 코와 커다랗고 끝이 뾰족한 두 개의 이빨이 있는 큰 입을 가지고 있어. 그는 큰 혀도 가지고 있어. 그는 네 개의 팔과 네 개의 다리를 가지고 있어. 그는 등에 두 개의 작은 날개가 있어.

  나는 그를 닮았어. 우리는 너와 다르게 생겼어. 우리는 아마 무서워 보일지 몰라. 우리는 괴물이지만 너와 같은 아이들을 사랑해. 그러니 네가 우리를 보아도 무서워하지 마. 우리는 너의 친구가 되고 싶어.

어휘

monster 괴물

father 아빠

want 원하다, 하고 싶어 하다

green 초록색(의)

body 몸

blue 파란색(의)

black 검은색(의)

spot 점

back 등

eye 눈(*pl.* eyes)

nose 코

mouth 입

large 큰

pointy 끝이 뾰족한

tooth 이빨, 이(*pl.* teeth)

big 큰

tongue 혀

wing 날개(*pl.* wings)

arm 팔

leg 다리

different 다른

look 보이다, 보다

may ~일지도 모른다

scary 무서운

child (어린) 아이(*pl.* children)

afraid 두려워하는, 겁내는

friend 친구

Keywords

해석

1 괴물 **2** 다른 **3** 아이들 **4** 친구

After You Read

A

정답

1 b

2 a

해석

1 a 그는 등에 노란색과 초록색 점이 있다.

   b 그는 등에 파란색과 검은색 점이 있다.

2 a 그는 돼지처럼 생긴 코를 가지고 있다.

   b 그는 커다랗고 끝이 뾰족한 이빨이 있는 큰 입을 가지고 있다.

해설

1 파란색과 검은색 점이 있는 그림이므로 He has blue and black spots on his back.이 정답이다.

2 돼지처럼 생긴 코 그림이므로 He has a nose like a pig.가 정답이다.

B

정답

1 b, two small wings

2 b, like him

해석

1 a 나의 아빠는 두 개의 작은 다리를 가지고 있다.

   b 나의 아빠는 두 개의 작은 날개를 가지고 있다.

2 a 나는 그와 다르게 생겼다.

   b 나는 그를 닮았다.

해설

1 아빠는 작은 두 날개를 가지고 있다고 하였으므로 My father has와 two small wings가 연결되어야 한다.

2 아빠와 닮았다고 하였으므로 I look과 like him이 연결되어야 한다.

Vocabulary Practice

A

정답

1 mouth

2 nose

3 back

4 tongue

해석

1 입

2 코

3 등

4 혀

B

정답

1 eye

2 arm

3 scary

4 pointy

5 monster

해석

1 눈

2 팔

3 무서운

4 끝이 뾰족한

5 괴물

Unit 07 Losing Baby Teeth

지문 해석

지문 해석

유치가 빠지는 것은 아이에게 커다란 사건입니다. 전 세계에 유치와 관련된 많은 다른 전통이 있습니다.

미국에서는 아이들이 그들의 유치를 베개 밑에 둡니다. 그들은 이빨 요정이 와서 유치를 가져가고 약간의 돈이나 선물을 남겨둔다고 믿습니다. 스페인과 멕시코, 그리고 프랑스 사람들은 요정이 아니라 쥐가 이러한 일을 한다고 믿습니다.

한국에서는 아이들이 지붕으로 유치를 던지곤 하였습니다. 말레이시아의 아이들은 그들의 유치를 땅에 묻습니다. 각기 다른 나라에는 저마다 다른 문화가 있습니다. 그러나 모든 어린이들은 새롭고 건강한 이를 다시 갖게 되기를 희망합니다.

어휘

lose 잃다
baby tooth 유치
event 사건
child 아이, 어린이(pl. children)
different 다른
tradition 전통, 관습
under ~ 아래에
pillow 베개
believe 믿다
fairy 요정
leave 남겨두다, 떠나다
money 돈
gift 선물

mouse 쥐
throw 던지다
rooftop 지붕
kid 아이, 어린아이
bury 묻다
ground 땅
country 나라(pl. countries)
culture 문화
but 그러나
hope 희망하다
new 새로운
healthy 건강한

Keywords

해석

1 이 2 전통, 관습 3 선물 4 문화

After You Read

A

정답

1 a
2 b

해석

1 a 아이들은 그들의 유치를 땅에 묻는다.
  b 아이들은 베개 밑에 그들의 유치를 둔다.
2 a 한국의 아이들은 유치를 창밖으로 던진다.
  b 한국의 아이들은 유치를 지붕으로 던진다.

해설

1 땅에 유치를 묻는 그림이므로 Children bury their baby teeth in the ground.가 정답이다.

2 유치를 지붕으로 던지는 그림이므로 Korean children throw baby teeth on rooftops.가 정답이다.

B
정답

1 b. leaves some money under the pillow
2 a. a mouse leaves some money or a gift

해석

1 a 이빨 요정은 약간의 돈을 베개 위에 남겨둔다.
　b 이빨 요정은 약간의 돈을 베개 아래에 남겨둔다.
2 a 스페인 사람들은 쥐가 약간의 돈이나 선물을 남겨둔다고 믿는다.
　b 스페인 사람들은 고양이가 약간의 돈이나 선물을 남겨둔다고 믿는다.

해설

1 이빨 요정이 베개 밑에 돈을 남겨둔다고 하였으므로 The tooth fairy와 leaves some money under the pillow가 연결되어야 한다.
2 쥐가 돈이나 선물을 남겨둔다고 하였으므로 People in Spain believe that과 a mouse leaves some money or a gift가 연결되어야 한다.

Vocabulary Practice

정답

1 mouse
2 healthy
3 fairy
4 pillow

해석

1 쥐
2 건강한
3 요정
4 베개

B
정답

1 new
2 bury
3 teeth
4 culture
5 country

해석

1 새로운
2 묻다
3 이
4 문화
5 나라

Unit 08 My Raising Tadpoles Diary

나의 친구들과 나는 약간의 개구리 알을 발견했다. 우리는 올챙이를 기르기로 결정했다.

1일째	7일째	10일째
• 나의 친구들과 나는 집 근처 연못에서 약간의 개구리 알을 발견했다. • 우리는 매우 신이 났다.	• 올챙이들은 알에서 나왔다. • 10마리의 올챙이들이 있다.	• 올챙이들이 많이 자랐다. • 그것들은 데친 (양)상추를 먹는다.
22일째	32일째	58일째
• 올챙이들은 2개의 뒷다리가 나왔다. • 매우 놀라운 일이다.	• 이제 올챙이들은 다리가 4개이다. • 그것들은 개구리와 비슷하게 보이지만 아직 꼬리가 남아있다.	• 올챙이들은 더 이상 꼬리를 가지고 있지 않다. • 그것들은 이제 개구리이다.

흐린 날에, 나는 개구리들을 연못으로 가져갔다. 개구리들은 뛰어갔다. 올챙이가 자라고 변하는 것을 보는 것은 멋진 경험이었다!

어휘

raise 기르다
tadpole 올챙이
diary 일기
find 발견하다, (우연히) 찾다

frog 개구리
egg 알
decide 결정하다, 결심하다
pond 연못
near 근처에, 가까이에
house 집
excited 신이 난
grow 자라다
boil 데치다, 삶다
lettuce (양)상추
back 뒤쪽의
amazing 놀라운
still 아직, 여전히
anymore 더 이상
wonderful 멋진, 놀라운
experience 경험

Keywords

해석

1 개구리   2 올챙이   3 연못   4 근처에, 가까이에

정답

1 b

2 b

해석

1 a 병아리들이 알에서 나왔다.
   b 올챙이들이 알에서 나왔다.

2 a 그것들은 앞다리이다.
   b 그것들은 뒷다리이다.

1 올챙이가 알에서 나오는 그림이므로 Tadpoles came out of eggs.가 정답이다.

2 뒷다리를 나타내는 그림이므로 They are back legs.가 정답이다.

B

정답

1 b. some frog eggs in the pond
2 a. jumped away

해석

1 a 나의 친구들과 나는 연못에서 개구리를 발견했다.
  b 나의 친구들과 나는 연못에서 약간의 개구리 알을 발견했다.
2 a 개구리들은 뛰어갔다.
  b 개구리들은 날아갔다.

해설

1 개구리 알을 찾았으므로 My friends and I found와 some frog eggs in the pond가 연결되어야 한다.

2 개구리가 뛰었으므로 The frogs와 jumped away가 연결되어야 한다.

Vocabulary Practice

A

정답

1 tail
2 diary
3 boil
4 grow

해석

1 꼬리
2 일기
3 데치다, 삶다
4 자라다

B

정답

1 egg
2 pond
3 near
4 frog
5 tadpole

해석

1 알
2 연못
3 근처에, 가까이에
4 개구리
5 올챙이

Unit 09 Make a Wish

지문 해석

도나는 나의 가장 친한 친구입니다. 그녀는 캐나다에서 왔습니다. 그녀는 작년에 한국에 왔습니다. 그녀는 우리 집 근처에 삽니다. 우리는 아침에 학교에 같이 가고, 방과 후에 함께 집으로 돌아옵니다.

어제는 우리가 집으로 오는 길에 약간의 하얀 민들레 씨앗을 보았습니다. 도나가 말했습니다. "우리 같이 소원을 빌자. 우리가 민들레 씨앗을 불 때, 우리의 소원이 이뤄질 거야." 그녀는 많은 캐나다인이 그렇게 믿는다고 말했습니다.

그녀의 소원은 캐나다에 있는 그녀의 친구들을 만나는 것이었습니다. 나의 소원은 가까운 미래에 캐나다를 방문하는 것이었습니다. 나는 우리가 언젠가 함께 캐나다에 갈 수 있기를 희망합니다.

어휘

wish 소원, 바람
Canada 캐나다
Korea 한국
last 지난
live 살다
near (어떤 장소의) 근처에, (시간상으로) 가까운
house 집
school 학교
together 함께
morning 아침
yesterday 어제
white 하얀색(의)
seed 씨앗
blow 불다
believe 믿다
visit 방문하다
future 미래, 장래
hope 희망하다, 바라다
someday 언젠가

Keywords

해석

1 살다 **2** 씨앗 **3** 소원, 바람 **4** 미래, 장래

After You Read

A

정답

1 a
2 b

해석

1 a 그녀는 캐나다에서 왔다.
　 b 그녀는 중국에서 왔다.
2 a 나는 민들레 씨앗을 던진다.
　 b 나는 민들레 씨앗을 분다.

해설

1 도나가 캐나다에서 왔으므로 She is from Canada.가 정답이다.
2 민들레 씨앗을 불었으므로 I blow dandelion seeds.가 정답이다.

B

정답

1 a. to see her friends
2 a. near my house

해석

1 a 도나의 소원은 그녀의 친구들을 보는 것이었다.
　 b 도나의 소원은 그녀의 조부모를 보는 것이었다.
2 a 도나는 우리 집 근처에 산다.
　 b 도나는 우리 집에서 멀리 떨어져 산다.

1 도나의 소원은 그녀의 친구들을 만나는 것이었으므로 Donna's wish was와 to see her friends가 연결되어야 한다.

2 도나가 글쓴이 집 근처에 살고 있으므로 Donna lives와 near my house가 연결되어야 한다.

Vocabulary Practice

A

정답

1 Canada
2 white
3 blow
4 together

해석

1 캐나다
2 하얀색(의)
3 불다
4 함께

B

정답

1 seed
2 wish
3 visit
4 future
5 believe

해석

1 씨앗
2 소원, 바람
3 방문하다
4 미래, 장래
5 믿다

Unit 10 My Camping Trip

지문 해석

나의 가족은 지난 토요일에 캠핑을 하러 갔습니다. 엄마와 나는 텐트를 세우고 그것을 함께 꾸몄습니다. 그 후 우리는 모두 낚시와 수영을 하러 갔습니다.

아빠는 저녁으로 핫도그를 석쇠에 구웠습니다. 그는 또한 마시멜로도 구웠습니다. 그는 막대 끝에 마시멜로를 꽂고 그것들을 캠핑 불에 구웠습니다. 그것들은 매우 맛이 있었습니다.

저녁을 먹은 후 우리는 불 옆에서 "I Spy" 게임을 했습니다. 우리는 많은 이야기를 하였고 웃었습니다. 밤에 밖은 약간 추웠지만 나는 침낭에서 자는 것이 매우 신이 났습니다. 그것은 우리 가족 모두에게 잊을 수 없는 시간이었습니다.

어휘

camping 캠핑
trip 여행
last 지난
Saturday 토요일
decorate 꾸미다, 실내 장식을 하다
fishing 낚시
swimming 수영
grill 석쇠(그릴)에 굽다

toast (노르스름하게) 굽다

marshmallow 마시멜로

stick 막대기, 나뭇가지

fire 불

delicious 맛있는

game 게임, 경기

talk 이야기하다

laugh (소리 내어) 웃다

chilly 쌀쌀한, 추운

sleep 자다

sleeping bag 침낭

unforgettable 잊을 수 없는

entire 전체의, 온

 Keywords

해석

1 캠핑   **2** 꾸미다   **3** 불   **4** 웃다

After You Read

Ⓐ

정답

1 b

2 a

해석

1 a 그들은 수영을 하러 갔다.

  b 그들은 낚시를 하러 갔다.

2 a 그것은 매우 맛이 있다.

  b 그것은 맛이 없다.

해설

1 낚시하는 그림이므로 They went fishing.이 정답이다.

2 맛있게 먹는 그림이므로 It is so delicious.가 정답이다.

Ⓑ

정답

1 a. on the end of the sticks

2 a. around the fire

해석

1 a 아빠가 마시멜로를 막대의 끝에 꽂았다.

  b 아빠가 마시멜로를 팬 위에 놓았다.

2 a 그들은 불 옆에서 게임을 했다.

  b 그들은 강 옆에서 게임을 했다.

해설

1 아빠가 마시멜로를 막대 끝에 꽂았으므로 Dad put marshmallows와 on the end of the sticks를 연결한다.

2 불 옆에서 게임을 하였으므로 They played a game과 around the fire를 연결한다.

Vocabulary Practice

Ⓐ

정답

1 tent

2 toast

3 decorate

4 sleep

해석

1 텐트

2 (노르스름하게) 굽다

3 꾸미다, 실내 장식을 하다

4 자다

B

정답

1 fire

2 game

3 grill

4 family

5 camping

해석

1 불

2 게임, 경기

3 석쇠(그릴)에 굽다

4 가족

5 캠핑

Unit
11 My Dad's Kimchi Fried Rice

지문 해석

　나는 나의 아빠가 자랑스러워요. 나의 아빠는 요리를 아주 잘하는 사람이에요. 그는 요리하는 것을 좋아해요. 아빠의 김치볶음밥은 내가 가장 좋아하는 것이에요. 그것은 굉장히 맛있어요. 여러분은 나의 아빠의 비밀 조리법을 알고 싶은가요?

첫째, 약간의 김치, 양파, 버섯을 잘게 썰으세요.
둘째, 잘게 썬 야채들을 기름에 볶으세요.

셋째, 약간의 밥과 김칫국물, 고추장을 첨가해 주세요. 그 다음에, 모두 함께 섞어 주세요.
마지막으로, 참기름을 추가해 주시고 조리된 달걀을 맨 위에 놓아 주세요.

　다 됐어요! 여러분의 맛있는 김치볶음밥이 준비가 되었네요. 저는 여러분이 그것을 즐기기를 바랍니다.

어휘

proud 자랑스러워하는, 자랑스러운

cook 요리를 하는 사람, 요리사; 요리하다

favorite 좋아하는 사람, 특히 좋아하는 물건; 마음에 드는, 매우 좋아하는

super 대단한, 굉장히 좋은; 특별히

tasty 맛있는

secret 비밀의; 비밀

recipe 조리법, 방안, 비결

first 첫째(로), 우선

chop 썰다, 다지다

onion 양파

mushroom 버섯

second 둘째로; 둘째의

pan-fry 프라이팬에 볶다(굽다)

chopped 잘게 썬, 다진

vegetable 야채, 채소

oil 기름

third 셋째로; 셋째의

add 추가하다, 첨가하다, 더하다

then 그 다음에, 그때, 그러더니

mix 섞다, 혼합하다, 섞이다, 혼합되다

together 함께, 같이

finally 마침내, 마지막으로

sesame oil 참기름

place 놓다, 두다; 장소, 곳
yummy 아주 맛있는
ready 준비가 된
hope 바라다, 희망하다
enjoy 즐기다, 즐거운 시간을 보내다, 즐거워하다, 누리다
across 가로질러, 가로로
down 아래로

Keywords

해석

1 자랑스러워하는, 자랑스러운
2 요리를 하는 사람, 요리사; 요리하다
3 함께, 같이 **4** 바라다, 희망하다

After You Read

A

정답

1 True
2 True
3 False

해석

1 나의 아빠는 요리를 잘하신다.
2 나는 나의 아빠의 김치볶음밥을 좋아한다.
3 나의 아빠의 김밥은 내가 가장 좋아하는 음식이다.

해설

3 내가 가장 좋아하는 음식은 아빠가 만들어 주신 김치볶음밥이다.

B

정답

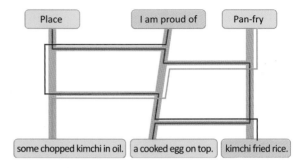

| Place | I am proud of | Pan-fry |
| some chopped kimchi in oil. | a cooked egg on top. | kimchi fried rice. |

1 Place a cooked egg on top.
2 I am proud of kimchi fired rice.
　　→ I am proud of my dad.
3 Pan-fry some chopped kimchi in oil.

해석

1 맨 위에 조리된 달걀을 놓아 주세요.
2 나는 김치볶음밥이 자랑스러워요.
　　→ 나는 나의 아빠가 자랑스러워요.
3 약간의 잘게 썬 김치를 기름에 볶으세요.

해설

2 나는 김치볶음밥이 자랑스러운 것이 아니라 아빠를 자랑스러워 한다.

Vocabulary Practice

A

정답

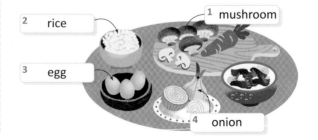

2 rice
1 mushroom
3 egg
4 onion

1 mushroom 버섯
2 rice 밥
3 egg 달걀
4 onion 양파

B

정답

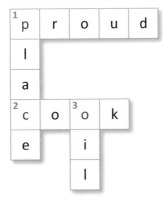

해석

proud 자랑스러워하는, 자랑스러운
place 놓다, 두다; 장소, 곳
cook 요리를 하는 사람, 요리사; 요리하다
oil 기름

Unit 12 My Lovely Cousins

지문 해석

이것은 나의 사촌들의 사진이에요.

지민이는 회색 티셔츠와 검은 바지를 입고 있어요. 그녀는 긴 생머리를 갖고 있어요. 그녀는 나와 같은 나

이에요. 그녀는 동물을 사랑해요. 그녀는 수의사가 되고 싶어 해요.

가운데 있는 남자아이는 William이에요. 나는 그의 짧은 곱슬머리를 좋아해요. 그는 아주 귀여워요. 그는 책 읽는 것을 좋아해요. 그는 작가가 되고 싶어 해요.

키가 큰 남자아이는 준희예요. 그는 공을 들고 있어요. 그는 축구하는 것을 좋아해요. 그는 축구 선수가 되고 싶어 해요. 나도 축구 선수가 되고 싶어요.

나의 사촌들은 정말 사랑스러워요. 나는 그들과 함께 노는 것을 정말 좋아해요.

어휘

lovely 사랑스러운, 훌륭한
cousin 사촌
photo 사진
wear 입고 있다, 착용하고 있다
gray 회색의; 회색
T-shirt 티셔츠
black 검은; 검은색
pants 바지
long 긴
straight 곧은, 똑바른; 똑바로, 곧장
hair 머리, 머리카락
same 같은
animal 동물
want 하고 싶어 하다, 원하다, 바라다
vet 수의사
middle 중앙, 가운데, 중간
short 짧은, 키가 작은
curly 곱슬곱슬한, 동그랗게 말린
cute 귀여운

read 읽다

writer 작가, 쓴 사람

tall 키가 큰, 높은

hold 잡고 있다

play 놀다, (게임·놀이 등을) 하다

soccer 축구

player 선수

love 대단히 좋아하다, 사랑하다

해석

1 사촌 **2** 입고 있다, 착용하고 있다

3 머리, 머리카락 **4** 동물

 A

정답

1 True

2 False

3 False

해석

1 지민이는 검은색 바지를 입고 있다.

2 William은 수의사가 되기를 원한다.

3 짧은 곱슬머리를 가진 남자아이는 준희이다.

해설

2 William은 작가가 되고 싶어 하고, 수의사가 되고 싶어 하는 사람은 지민이다.

3 짧은 곱슬머리를 가진 남자아이는 William이다.

 B

정답

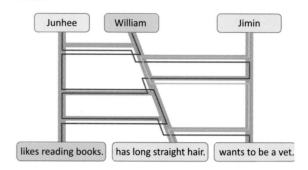

1 Junhee wants to be a vet.
  → Junhee wants to be a soccer player. / Jimin wants to be a vet.

2 William likes reading books.

3 Jimin has long straight hair.

해석

1 준희는 수의사가 되고 싶어 한다.
  → 준희는 축구 선수가 되고 싶어 한다. / 지민이는 수의사가 되고 싶어 한다.

2 William은 책을 읽는 것을 좋아한다.

3 지민이는 긴 생머리를 갖고 있다.

해설

1 준희가 되고 싶은 것은 수의사가 아니라 축구 선수이다. 수의사는 지민이가 되고 싶어 하는 장래희망이다.

Vocabulary Practice

A
정답

¹ T-shirt
² ball
³ pants
⁴ book

해석

1 T-shirt 티셔츠
2 ball 공
3 pants 바지
4 book 책

B
정답

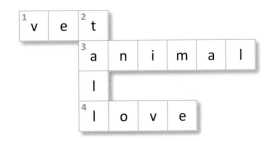

¹v	e	²t				
		³a	n	i	m	a	l
		l				
		⁴l	o	v	e	

해석

vet 수의사
tall 키가 큰
animal 동물
love 대단히 좋아하다, 사랑하다

Unit **13** **A Hanok**

지문 해석

우리 가족은 지난 토요일에 한옥 마을에 갔습니다. 한옥은 전통적인 한국의 집입니다. 나는 한옥 주택이 정말로 아름답다는 것을 알게 되었습니다. 그것들은 나무, 짚, 흙과 돌 같은 자연으로부터 온 것들로 만들어집니다.

나는 거기에서 마루와 온돌에 대해서 배웠습니다. 한국의 여름은 매우 덥고 습합니다. 마루는 바람이 잘 통하는 방에 있는 넓은 나무로 된 바닥입니다. 그곳은 여름에 앉아 있기에 완벽한 장소입니다.

온돌은 바닥 아래에 설치하는 난방 장치입니다. 우리 조상들은 온돌 덕분에 추운 겨울들을 견뎌 낼 수 있었습니다.

어휘

family 가족
village 마을
Saturday 토요일
traditional 전통의, 전통적인
Korean 한국의; 한국인
house 집, 주택, 가옥
find 알게 되다, 생각하다, 찾다, 발견하다(found 알게 되었다)
home 주택, 집, 가정; 집의, 가정의; 집에(으로)
beautiful 아름다운, 멋진
be made of ~로 만들어지다, ~로 구성되다
thing 것, 물건, 사물
nature 자연

wood 나무, 목재, 숲

straw 짚, 지푸라기

dirt 흙, 먼지

stone 돌

learn 알게 되다, 배우다

there 거기에서, 그곳에서

summer 여름

hot 더운, 뜨거운

humid 습한

wide 넓은, 너른

wooden 나무로 된

floor 바닥

airy 바람이 잘 통하는

room 방

perfect 완벽한

sit 앉다

underfloor 바닥 아래에 설치하는

heating 난방

system 장치, 제도, 체계

ancestor 조상, 선조

survive 살아남다, 생존하다, 견뎌 내다

cold 추운, 차가운

winter 겨울

thanks to ~ 덕분에, ~ 때문에

Keywords

해석

1 가족 **2** 마을 **3** 집, 주택, 가옥 **4** 겨울

After You Read

Ⓐ

정답

1 True

2 False

3 True

해석

1 한옥은 전통적인 한국의 집이다.

2 마루는 바닥 아래에 설치하는 난방 장치이다.

3 우리 조상들은 온돌 덕분에 추운 겨울들을 견뎌 낼 수 있었다.

해설

2 마루는 넓은 나무로 된 바닥이며 바닥 아래에 설치하는 난방 장치는 온돌이다.

Ⓑ

정답

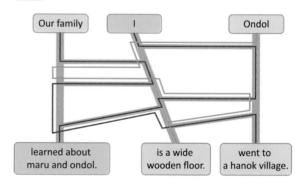

1 Our family went to a hanok village.

2 I learned about maru and ondol.

3 Ondol is a wide wooden floor.

→ Ondol is an underfloor heating system.
 / Maru is a wide wooden floor.

해석

1 우리 가족은 한옥 마을에 갔다.

2 나는 마루와 온돌에 대해서 배웠다.

3 온돌은 넓은 나무로 된 바닥이다.

→ 온돌은 바닥 아래에 설치하는 난방 장치이다.

/ 마루는 넓은 나무로 된 바닥이다.

해설

3 온돌은 바닥 아래에 설치하는 난방 장치이며 넓은 나무로 된 바닥은 마루이다.

Vocabulary Practice

정답

해석

1 wood 나무, 목재, 숲

2 room 방

3 floor 바닥

4 house 집

정답

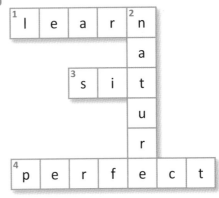

해석

learn 배우다

nature 자연

sit 앉다

perfect 완벽한

Unit 14 Who Is the Most Important?

지문 해석

지원이가 전등을 껐어요. 어두워지고 조용해졌어요. 지원이가 잠이 들었어요.

보세요! 무언가가 점점 더 빛나고 있어요. 아, 그것은 지원이의 필통이에요. 쉿! 귀 기울여 보세요! 여러분은 어떤 것을 들을 수 있어요.

연필: 내일 지원이가 수학 시험을 볼 거야. 내가 없으면, 지원이는 시험을 볼 수가 없어. 내가 가장 중요해!

연필깎이: 무슨 말이야! 만약 너의 끝부분이 부러지면 너는 무슨 소용이 있겠니? 내가 없으면 지원이는 너

를 사용할 수가 없어. 내가 가장 중요해!

지우개: 아니, 나는 그렇게 생각하지 않아. 내가 가장 중요해! 내가 없으면, 지원이가 어떻게 답을 고칠 수가 있니?

여러분은 어떻게 생각하세요? 연필, 연필깎이 또는 지우개 중에 누가 가장 중요한가요?

most 가장, 최고로; 최고의

important 중요한

turn off 끄다(cf. turn on 켜다)

light 전등, 빛

dark 어두운, 캄캄한

silent 조용한

fall 되다, 떨어지다(fell 되었다)

look 보다, 바라보다

asleep 잠이 든, 자고 있는

something 어떤 것, 무엇

get 되다(되게 하다), 받다, 얻다

bright 밝은, 빛나는

pencil case 필통

listen 귀 기울이다, 듣다

hear 듣다

pencil 연필

tomorrow 내일

math 수학

test 시험

take a test 시험을 보다

without ~이 없다면; ~이 없이

pencil sharpener 연필깎이

mean 의미하다, 뜻하다

good 좋은. (유용하거나 도움이 되어) 좋은

what good ~? 무슨 소용이니?

break 부서지다, 깨지다(broke 부서졌다, broken 과거분사)

tip (뾰족한) 끝, 끝부분

use 사용하다, 쓰다

eraser 지우개

think 생각하다, 믿다

correct 바로잡다, 정정하다; 정확한

answer 답, 대답; 대답하다

Keywords

1 귀 기울이다, 듣다   **2** 내일   **3** 사용하다, 쓰다
4 지우개

After You Read

A

1 False

2 False

3 True

1 지원이가 전등을 켰다.

2 지원이의 필통이 점점 어두워졌다.

3 지원이는 지우개로 그녀의 답을 고칠 수 있다.

1 지원이가 전등을 켠 것이 아니라 전등을 껐다.

2 지원이의 필통은 점점 더 어두워진 것이 아니라 점점 더 밝아졌다.

B
정답

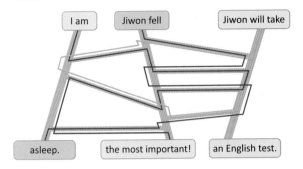

| I am | Jiwon fell | Jiwon will take |
| asleep. | the most important! | an English test. |

1 I am the most important!

2 Jiwon fell asleep.

3 Jiwon will take an English test.
   → Jiwon will take a math test.

해석

1 내가 가장 중요하다!

2 지원이는 잠이 들었다.

3 지원이는 영어 시험을 볼 것이다.
   → 지원이는 수학 시험을 볼 것이다.

해설

3 지원이가 시험 보는 과목은 영어가 아니라 수학이다.

Vocabulary Practice

A
정답

해석

1 dark 어두운, 캄캄한

2 bright 밝은, 빛나는

3 asleep 잠이 든, 자고 있는

4 pencil case 필통

B
정답

```
                    ⁴t
  ¹m  a  ³t         h
         n          i
         s          n
         w          k
 ²u  s   e
         r
```

해석

math 수학

use 사용하다

answer 대답, 답; 대답하다

think 생각하다, 믿다

Unit 15 It Is Still Hot, but ...

지문 해석

"덥고 습해요. 나는 땀이 많이 나요. 나는 잠을 잘 잘 수 가 없어요. 나는 모기들이 싫어요. 나는 여름이 싫어요." 나는 여름 날씨에 대해서 불평했습니다. 나의 할머니 께서는 나에게 미소를 지으셨습니다. 그런 다음, 그녀 가 말씀하시기를, "한나야, 내가 어렸을 때, 나는 모든 것에 대해 불평하였단다. 그러나 나의 불평들이 아무것도 변화시키지 않았어. 그래서, 나는 불평하는 것을 멈추었단다. 대신에, 모든 것에 감사하기를 시작했지. 그것이 나의 삶을 바꿨단다."

나는 할머니를 분명히 이해하지는 못했지만, 나는 불평하는 것을 멈추고 싶었습니다. 나는 수박을 한 입 베어 먹었고, "여전히 더워요. 그러나 이 날씨는 차가운 수박 한 조각을 즐기기에 완벽해요."라고 말씀드렸습니다.

나의 할머니는 따뜻한 미소를 지으며 나에게 엄지손가락을 치켜드셨습니다.

어휘

still 아직도, 여전히
hot 더운
humid 습한
sweat 땀을 흘리다; 땀
sleep 자다; 잠, 수면
hate 몹시 싫어하다
mosquito 모기
complain 불평하다
about ~에 대해(대한)
weather 날씨
smile 미소 짓다, 웃다
young 어린
everything 모든 것, 모두
complaint 불평
change 변화시키다, 바꾸다, 변하다
anything 아무것, 무엇, 무엇이든
stop 멈추다, 그만하다
instead 대신에
start 시작하다, 시작되다

grateful 고마워하는, 감사하는
life 삶, 생명, 평생, 생활
clearly 분명히, 또렷하게
understand 이해하다, 알아듣다
take a bite of 한 입 먹다(took a bite of 한 입 먹었다)
watermelon 수박
slice 조각
thumb 엄지손가락
thumbs up 엄지 척, 승인, 찬성
warm 따뜻한

Keywords

해석

1 몹시 싫어하다　**2** 날씨　**3** 어린
4 변화시키다, 바꾸다

After You Read

A

정답

1 False
2 False
3 False

해석

1 나는 여름을 좋아한다.
2 나는 여름에 잠을 잘 잘 수 있다.
3 나의 할머니는 여름 날씨에 대해 여전히 불평하신다.

해설

1 나는 여름을 좋아하지 않는다.
2 나는 여름에 잠을 잘 잘 수 없다.
3 나의 할머니가 여름 날씨에 대해 여전히 불평하시는 것이 아니라 내가 불평한 것이다.

B

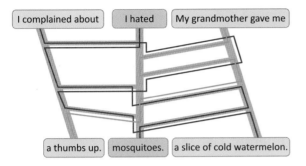

I complained about	I hated	My grandmother gave me

a thumbs up.	mosquitoes.	a slice of cold watermelon.

1 I complained about a slice of cold watermelon.

→ I enjoyed a slice of cold watermelon. / I complained about the summer weather.

2 I hated mosquitoes.

3 My grandmother gave me a thumbs up.

해석

1 나는 차가운 수박 한 조각에 대해 불평했다.

→ 나는 차가운 수박 한 조각을 즐겼다. / 나는 여름 날씨에 대해 불평했다.

2 나는 모기들을 싫어했다.

3 나의 할머니는 나에게 엄지를 치켜드셨다.

해설

1 나는 여름 날씨가 차가운 수박 한 조각을 즐기기에 완벽하다고 말했기 때문에 내가 차가운 수박 한 조각에 대해 불평한다는 말은 글의 내용과 일치하지 않는다. 내가 불평한 것은 여름 날씨였다.

Vocabulary Practice

A

정답

¹grandmother
² sweat
³ thumb
⁴ watermelon

해석

1 grandmother 할머니

2 sweat 땀; 땀을 흘리다

3 thumb 엄지손가락

4 watermelon 수박

B

정답

		²h			³s	
		u			l	
¹s	u	m	m	e	r	
m		i			e	
i		d			p	
l						
e						

해석

summer 여름

smile 미소 짓다, 웃다

humid 습한

sleep 자다; 잠, 수면

지문 해석

여러분은 브이 표시가 무엇인지 아시나요? 여러분은 집게손가락과 가운뎃손가락으로 브이 표시를 만들 수 있어요. 그것은 많은 나라에서 "승리"나 "평화"를 의미해요. 아시아 사람들은 사진을 찍을 때, 그들은 자주 브이 표시를 사용해요. 그들에게, 그것은 마치 서양 국가들에서 치즈라고 말하는 것과 같아요.

비슷한 제스처들은 나라마다 다른 의미를 지닐 수 있어요. 여러분이 사진에서 브이 표시를 할 때, 여러분의 손바닥을 밖으로 향하게 유지하세요. 여러분의 손바닥을 안쪽으로 향하게 하지 마세요. 그것은 어떤 나라들에서는 무례한 표시가 될 수 있어요. 예를 들면, 영국과 호주에 있는 사람들은 여러분이 그들에게 화가 났다고 생각할 수도 있어요.

어휘

sign 표시, 몸짓
finger 손가락
index finger 집게손가락
middle 가운데의; 중앙, 가운데
middle finger 가운뎃손가락
victory 승리
peace 평화
Asian 아시아인; 아시아의
photo 사진
take a photo 사진을 찍다
often 자주
just 딱(꼭)

like ~와 비슷한; 좋아하다
just like 마치
cheese 치즈
western 서양의
country 국가, 나라(countries 나라들)
similar 비슷한, 닮은
gesture 몸짓, 제스처
different 다른, 차이가 나는
meaning 뜻, 의미
keep 유지하다(유지하게 하다), 계속 있다(있게 하다)
palm 손바닥
face 향하다, 마주보다; 얼굴
outward 밖으로 향하는; 밖으로
inward 안쪽으로 향하는; 안쪽으로
rude 무례한, 예의 없는
for example 예를 들어
people 사람들
the United Kingdom 영국
Australia 오스트레일리아, 호주
angry 화난, 성난

Keywords

해석

1 표시, 몸짓 **2** 손가락 **3** 평화 **4** 국가, 나라

정답

1 ①

2 ②

1 많은 나라에서 브이 표시는 무엇을 의미합니까?

① 승리

② 사진들

2 빈칸에 무엇이 들어갑니까?

> 영국에서는 여러분이 사진에서 브이 표시를 할 때, 여러분의 손바닥을 _____ 향하도록 유지하세요.

① 안쪽으로

② 밖으로

1 많은 나라에서 브이 표시는 승리나 평화를 의미한다.

2 영국에서는 브이 표시를 할 때 손바닥을 밖으로 향하게 해야 한다. 손바닥이 안으로 향할 때는 무례한 의미가 된다.

B

1 Do you know what the V-sign is?

2 You can make the V-sign with your index and middle fingers.

3 Similar gestures may have different meanings from one country to another.

1 여러분은 브이 표시가 무엇인지 알고 있나요?

2 여러분은 여러분의 집게손가락과 가운뎃손가락으로 브이 표시를 만들 수 있어요.

3 비슷한 제스처들이 나라마다 다른 의미를 지닐 수 있어요.

Vocabulary Practice

A

1 f i n g e r

2 p a l m

3 p e o p l e

4 a n g r y

finger 손가락
palm 손바닥
people 사람들
angry 화난

해당 그림에 어울리는 말을 보기에서 찾아 오른쪽에 알파벳 모양대로 적으면 된다.

B

a	b	o	u	t	w	a	r	d	e
p	v	e	b	k	d	f	m	n	x
p	i	x	e	y	i	a	u	o	c
l	c	c	a	t	f	n	b	v	e
w	t	e	u	r	f	t	m	e	p
o	o	l	t	e	e	a	o	m	t
r	r	l	i	f	r	s	n	w	i
a	v	r	u	d	e	y	d	e	o
n	m	u	i	p	n	i	a	r	p
g	c	a	h	j	t	c	r	s	e

→ victory 승리

different 다른

outward 밖으로 향하는

rude 무례한, 예의 없는

Unit 17 A Birthday Gift for Mom

지문 해석

　나의 엄마의 생신이 코앞에 다가왔습니다. 나의 언니와 나는 그녀를 위해 선물을 사기 위해서 시내로 갔습니다. 우리는 Apple 거리를 따라 걸었습니다. 그 다음에, 우리는 서점에서 오른쪽으로 돌았습니다. 아, 우리의 오른쪽에 막대사탕 가게가 있었습니다. 나는 정말로 막대사탕을 좋아하지만, 그곳에 들를 수가 없었습니다. 우리는 엄마의 생신 선물을 사야 했습니다.

　우리는 한 블록을 곧장 갔습니다. 우리는 지쳤지만 걷는 것을 멈출 수가 없었습니다. 우리는 엄마를 위해 멋진 것을 사야 했습니다. 우리가 길을 건넜을 때, 우리는 꽃집을 발견했습니다! 우리는 엄마가 정말로 장미꽃을 좋아하신다는 것을 기억했습니다. 우리는 그녀를 위해 약간의 아름다운 장미꽃과 카드를 샀습니다. 우리는 "당신은 세상에서 제일 좋은 엄마예요! 우리는 하늘만큼 땅만큼 당신을 사랑해요."라고 썼습니다.

어휘

birthday 생일

gift 선물

around 주위에; 사방에서

corner 모퉁이, 모서리

around the corner 코앞에 와 있는, 바로 다가와서

sister 언니, 누나, 여동생

go 가다, 없어지다, 사라지다(went 갔다, gone 과거분사)

downtown 시내에(로)

buy 사다, 사 주다(bought 샀다)

walk 걷다, 걸어가다

along ～을 따라

street 거리, 도로, 가

turn 돌다, 돌리다

right 오른쪽으로, 우측으로; 오른쪽

bookstore 서점, 책방

lollipop 막대사탕

shop 가게, 상점

drop in 잠깐 들르다

present 선물; 현재의

block 블록, 구역, 사각형 덩어리

feel (기분이) 들다, 느끼다(felt 느꼈다)

tired 지친, 피로한, 피곤한, 싫증난

fancy 멋진, 색깔이 화려한, 값비싼, 특별한, 복잡한

cross 건너다; 십자

remember 기억하다

really 정말로, 실제로, 진짜로, 아주

rose 장미(꽃)

beautiful 아름다운, 멋진

card 카드

write 쓰다(wrote 썼다)

best 제일 좋은, 최상의, 최고의

world 세계, 세상

moon 달

back 돌아가(와)서, 뒤로, 다시

to the moon and back 하늘만큼 땅만큼, 엄청나게 대단히

Keywords

정답

1 모퉁이, 모서리　**2** 가게, 상점　**3** 선물; 현재의
4 기억하다

After You Read

A

정답

1 ①

2 ①

해석

1 나는 어디에 들르기를 원했습니까?
　① 막대사탕 가게
　② 서점

2 나의 언니와 나는 엄마를 위해 무엇을 샀습니까?
　① 장미꽃들
　② 막대사탕들

해설

1 나는 막대사탕 가게에 들르고 싶어 했다.

2 엄마를 위해 언니와 함께 장미꽃을 샀다.

B

정답

1 We had to buy Mom's birthday present.

2 We felt tired but could not stop walking.

3 We love you to the moon and back.

해석

1 우리는 엄마의 생신 선물을 사야 했다.

2 우리는 지쳤지만 걷는 것을 멈출 수가 없었다.

3 우리는 당신을 하늘만큼 땅만큼 사랑합니다.

Vocabulary Practice

A

정답

1 　b o o k s t o r e

2 　g i f t

3 　f l o w e r

4 　b i r t h d a y

해석

bookstore　서점

gift　선물

flower　꽃

birthday　생일

B

정답

s	b	a	o	k	y	m	y	o	z
o	u	n	i	n	w	b	a	b	q
n	y	e	s	m	r	o	s	e	e
e	l	c	t	z	b	n	m	l	e
v	p	p	r	e	s	e	n	t	t
h	h	o	a	o	q	o	p	y	r
i	u	s	i	b	i	a	h	o	i
v	e	i	g	v	n	n	v	c	o
g	z	q	h	p	u	a	n	m	w
a	w	p	t	w	l	y	u	i	p

→ buy　사다

rose　장미(꽃)

present 선물
straight 똑바로, 곧바로, 곧장

hide-and-seek 숨바꼭질

stormy 폭풍우(눈보라)가 몰아치는

outside 밖(바깥)에, 밖으로

lightning 번개, 번갯불; 번개 같은

flash 번쩍이다, 비치다; 섬광, 번쩍임

thunder 천둥, 우레

crash 굉음을 내다, 부딪치다; 요란한 소리, 굉음

pour 마구 쏟아지다, 붓다, 따르다

though 그렇지만, 하지만

stay 계속 있다, 머무르다

inside 안에(으로)

soon 머지않아, 곧, 이내

brother 남동생, 형, 오빠

become 되다(became 되었다)

become tired of 싫증이 나다

interesting 재미있는, 흥미로운

it 술래; 그것

seeker 찾는 사람, (추)구하는 사람

close 감다, 닫다, 덮다

count 세다, 계산하다

open 뜨다, 열다

behind 뒤에

curtain 커튼

in 안에

wardrobe 옷장

either (부정문에서) ~도(또한/역시)

be about to do something 막 …하려는 참이다

shout 외치다, 소리치다, 고함치다

boom 쾅 하는 소리를 내다; 쾅, 탕

roar 울리다, 으르렁거리다

frightened 겁먹은, 무서워하는

Unit 18 Hide-and-Seek

지문 해석

밖에는 폭풍우가 몰아쳤어요. 번개가 번쩍였고 천둥은 굉음을 냈으며 그리고 비는 마구 쏟아졌어요. 그렇지만 그것이 나쁘지는 않았어요. 나는 비 오는 날에 집 안에 머무는 것을 좋아해요. 나는 나의 남동생과 보드게임을 하였어요.

머지않아, 나의 남동생은 보드게임을 하는 것에 싫증을 냈어요. 그는 숨바꼭질 놀이 같이 더 재미있는 것을 하기를 원했어요.

우리는 놀이를 시작했고, 나는 "술래", 찾는 사람이었어요. 나는 눈을 감았고, 10까지 센 다음에 "준비가 됐든, 안 됐든, 내가 간다!"라고 말했어요. 나는 눈을 떴어요.

우와! 내 남동생이 없어졌어요! 그는 커튼 뒤에 없었어요. 그는 옷장 안에도 없었어요. 나는 어디에서도 그를 찾을 수가 없었어요. 우르릉 쾅 소리가 났을 때 "내가 너를 찾을 수 없어!"라고 나는 막 소리치려고 했어요. 천둥이 쳤어요. 나의 겁먹은 남동생은 나에게 달려왔어요. 나는 "내가 너를 찾았어. 네가 술래야!"라고 말했어요.

run 달리다(ran 달렸다)

해석

1 머무르다, 계속 있다   **2** 놀다, 하다

3 남동생, 형, 오빠   **4** 외치다

After You Read

정답

1 ①

2 ②

해석

1 나는 비 오는 날에 무엇을 하기를 좋아합니까?
   ① 집 안에 머무는 것
   ② 밖으로 나가는 것

2 나의 남동생은 무엇을 하기를 원했습니까?
   ① 보드게임
   ② 숨바꼭질

해설

1 나는 비 오는 날에 안에 머무는 것을 좋아한다.

2 보드게임에 싫증 난 나의 남동생은 숨바꼭질을 하고 싶어했다.

B

정답

1 My brother became tired of playing board games.

2 He wanted to do something more interesting.

3 He was not behind the curtains.

해석

1 나의 남동생은 보드게임을 하는 것에 싫증을 냈다.

2 그는 더 재미있는 것을 하기를 원했다.

3 그는 커튼 뒤에 있지 않았다.

Vocabulary Practice

A

정답

1  w a r d r o b e

2  f r i g h t e n e d

3  l i g h t n i n g

4  c u r t a i n s

해석

wardrobe 옷장

frightened 겁먹은, 무서워하는

lightning 번개

curtains 커튼(들)

B

정답

f	a	p	p	p	u	r	s	k	l
r	i	b	e	a	u	t	i	f	s
i	n	w	e	g	h	l	d	e	t
e	t	h	u	n	d	e	r	s	o
d	e	c	h	o	c	o	l	a	r
s	r	u	q	w	k	r	t	e	m
h	e	m	f	a	n	t	a	s	v
o	w	b	f	i	n	d	b	a	j
u	y	r	k	o	r	e	b	s	e
t	i	e	g	o	o	r	e	s	a

→ **stormy** 폭풍우가 몰아치는

thunder 천둥

shout 외치다

find 찾다

Unit
19 The Scavenger Hunt

지문 해석

어느 아름다운 가을 날이었습니다. 하늘은 파랬습니다. 공기는 신선하고 깨끗했습니다. 우리 반 학생들은 공원으로 현장학습을 갔습니다. 마른 잎들이 발밑에서 바스락거렸습니다. 우리 선생님은 우리에게 목록을 주셨습니다. 우리는 그 목록에 있는 다섯 개의 항목을 찾아야 했습니다.

1. 편평하고 빨간 어떤 것
2. 거칠고 울퉁불퉁한 어떤 것

3. 너의 얼굴 위에 있는 어떤 것
4. 너의 머리카락 속에 있는 어떤 것
5. 너의 얼굴에 미소 짓게 하는 어떤 것

나는 목록에 있는 모든 것들을 찾았습니다.
편평하고 빨간 것은 단풍나무 잎이었습니다.
거칠고 울퉁불퉁한 것은 나무껍질이었습니다.
나의 얼굴 위에 있는 어떤 것은 밝은 햇빛이었습니다.
나의 머리카락 속에 있는 어떤 것은 가을바람이었습니다.
그리고 나의 제일 좋은 친구들이 항상 내 얼굴에 미소 짓게 하였습니다.

어휘

scavenger hunt 물건 찾기 놀이

autumn 가을

sky 하늘

air 공기, 공중

fresh 신선한

clean 깨끗한

class 학급(반)(학생들)

field trip 현장학습

go on a field trip 현장학습을 가다

park 공원

dry 마른, 건조한

leaf (나뭇)잎(leaves 나뭇잎들)

rustle 바스락거리다; 바스락거리는 소리

crunch 저벅저벅거리며 가다(무엇을 으스러뜨리는 소리를 내며 그 위를 지나감을 나타냄), 뽀드득거리다; 우드득

underfoot 발밑에

list 리스트, 목록, 명단

flat 편평한, 평평한

rough 거친, 고르지 않은

bumpy 울퉁불퉁한

put 놓다(put 놓았다)

maple 단풍나무

bark 나무껍질

sun 햇빛, 햇볕, 해

wind 바람

friend 친구

always 항상

Keywords

해석

1 아름다운, 멋진 **2** 가을 **3** 신선한 **4** 깨끗한

After You Read

정답

1 ②

2 ①

해석

1 무엇이 발밑에서 바스락거렸습니까?
  ① 가을바람
  ② 마른 잎들

2 편평하고 빨간 어떤 것은 무엇이었습니까?
  ① 단풍잎
  ② 나무껍질

해설

1 발밑에서 바스락거린 것은 마른 잎들이었다.

2 편평하고 빨간 것은 단풍잎이었다.

B

정답

1 It was a beautiful autumn day.

2 The something on my face was the bright sun.

3 My best friends always put a smile on my face.

해석

1 어느 아름다운 가을 날이었다.

2 내 얼굴 위에 있는 어떤 것은 밝은 햇빛이었다.

3 나의 제일 좋은 친구들이 항상 내 얼굴에 미소 짓게 하였다.

Vocabulary Practice

정답

1  p a r k

2 l e a f

3 w i n d

4 b a r k

해석

park 공원

leaf 잎

wind 바람

bark 나무껍질

B

s	k	i	f	o	u	n	s	u	n
p	f	l	a	t	o	u	d	e	r
f	l	a	l	e	p	n	o	y	v
u	n	d	t	a	q	d	y	o	x
y	k	f	p	c	w	e	r	w	c
f	o	o	p	h	z	m	r	p	e
s	k	y	o	e	x	b	s	q	a
t	e	a	h	r	h	o	t	y	p
s	i	n	g	o	i	t	q	x	p
n	i	n	a	p	w	t	p	p	l

→ sky 하늘
flat 편평한
teacher 선생님
sun 햇빛, 햇볕, 해

Unit 20
The Best Activity of the Year

올해 우리는 많은 학교 활동들을 즐겼습니다. 열 명의 학생들이 올해의 가장 좋은 기억으로 잠옷 파티를 선택했습니다. 우리는 학교로 잠옷을 가지고 왔습니다. 우리는 잠옷을 입은 채로 몇 개의 공예품들을 만들었고 약간의 과일과 간식을 먹었습니다. 우리는 좋은 영화도 보았습니다.

일곱 명의 학생들은 운동회를 선택했습니다. 우리는 달걀과 숟가락 달리기(숟가락 위에 달걀 얹고 달리기)

와 같은 다양한 경기를 하였습니다. 우리 반 친구들은 우리를 응원했고 우리는 경기를 이긴 후에 축하했습니다.

네 명의 학생들은 현장학습을 선택했습니다. 지난 봄에, 우리는 과학 박물관에 가서 가상현실(VR)을 통해 재미있게 놀았습니다. 우리는 페인트 없이 자동차를 색칠했고 가상의 무대 위에서 춤을 추었습니다. 그것은 특별한 경험이었습니다.

나는 모두가 이러한 좋은 기억들을 영원히 간직할 것을 확신합니다.

activity 활동, 움직임, 활기(activities 활동들)
year 해
student 학생
choose 선택하다, 고르다(chose 선택했다)
pajama 파자마의, 잠옷의
pajamas 파자마, 잠옷
memory 기억(memories 기억들)
bring 가져오다(brought 가져왔다)
make 만들다(made 만들었다)
craft 공예품, 공예, 기술
have 먹다, 가지다(had 먹었다, 가졌다)
fruit 과일, 열매
snack 간단한 식사(간식)
watch 보다, 지켜보다
movie 영화
too ~도(또한), 너무
sports 스포츠의
sports day 운동회
various 다양한, 여러 가지의, 각양각색의
race 달리기, 경주

classmate 반 친구, 급우

cheer 응원하다, 힘을 북돋우다; 환호, 응원의 함성

celebrate 축하하다, 기념하다

win 이기다

pick 선택하다, 고르다, 뽑다

last 지난, 마지막의

spring 봄

science 과학

museum 박물관

dance 춤을 추다; 춤, 무용

virtual 가상의

reality 현실

color 색칠하다; 색, 빛깔

special 특별한

experience 경험

sure 확신하는

forever 영원히, 아주 오랜 시간

Keywords

해석

1 과일　**2** 보다, 지켜보다　**3** 반 친구, 급우
4 이기다

After You Read

정답

1 ②

2 ②

해석

1 우리 반에서 가장 인기있는 활동은 무엇이었습니까?

① 운동회

② 잠옷 파티

2 학생들은 과학 박물관에서 무엇을 했습니까?

① 그들은 몇 개의 공예품들을 만들었다.

② 그들은 페인트 없이 자동차를 색칠했다.

해설

1 잠옷 파티는 10명, 운동회는 7명, 현장학습은 4명이 선택하였기 때문에 가장 많은 표를 얻은 활동은 잠옷 파티였다.

2 공예품은 잠옷 파티에서 만들었다.

B

정답

1 Ten students chose the pajama party.

2 We played various games like egg and spoon races.

3 We danced on virtual stage.

해석

1 열 명의 학생들은 잠옷 파티를 선택했다.

2 우리는 달걀과 숟가락 달리기와 같은 다양한 경기를 하였다.

3 우리는 가상의 무대 위에서 춤을 추었다.

Vocabulary Practice

A

1 | p a j a m a s

2 | c e l e b r a t e

3 | m u s e u m

4 | d a n c e

해석

pajamas 잠옷

celebrate 축하하다, 기념하다

museum 박물관

dance 춤을 추다; 춤, 무용

B

정답

a	x	c	y	m	e	m	o	r	y
s	c	i	e	a	y	o	s	i	x
f	a	n	t	c	g	p	t	u	q
p	p	u	t	t	d	u	u	m	p
u	i	y	a	i	c	y	d	f	h
p	n	r	b	v	a	z	e	s	r
p	s	e	q	i	c	x	n	c	t
l	f	a	m	t	a	t	t	i	c
w	m	a	w	y	u	i	r	u	i
s	c	i	e	n	c	e	w	y	l

→ activity 활동, 움직임

student 학생

memory 기억

science 과학

EBS랑 홈스쿨 초등 영어

HOME-SCHOOL

초등
영독해
LEVEL
1

정답과 해설

만점왕으로 기본 잡고, 만수플로 실력 키우고

교과서 기본과 응용 문제를 한 번에 해결!

만점왕 수학 플러스

모바일·
인터넷·TV
무료
강의 제공

교과서 기본+응용

+ 교과서 개념 학습으로 **탄탄한 기본기 완성**

+ 교과서 속 기본+응용 문제를 공략하는 **단계별 유형 학습**

+ 이미지로 쉽게 이해하는 **단원별 대표 응용 문제**

무료 강의와 함께하는 자기주도 학습! - EBS 초등 · 중학 교재 로드맵

		예비 초등	1학년	2학년	3학년	4학년	5학년	6학년
전과목 기본서			**만점왕** 국어/수학/사회/과학 *BEST* 교과서 중심 초등 기본서					
					만점왕 단원평가 *BEST* 한 권으로 단원평가 · 중간/기말 시험 대비			
국어	글쓰기	*NEW* **참 쉬운 글쓰기** 1-따라 쓰는 글쓰기 맞춤법 · 받아쓰기로 시작하는 기초 글쓰기 연습			*NEW* **참 쉬운 글쓰기** 2-문법에 맞는 글쓰기/3-목적에 맞는 글쓰기 초등학생에게 꼭 필요한 기초 글쓰기 연습			
	한자	*NEW* **참 쉬운 급수 한자** 8급/7급Ⅱ/7급 한자능력검정시험 대비 급수별 학습						
	독해	**4주 완성 독해력** 1~6단계 *학년별* 학년별 교과서 연계 단기 독해 학습						
					NEW **ERI 시스템 국어 독해** 1~10단계 *수준별* 진단평가를 통한 수준별 시스템 국어 독해			
		NEW **독해가 OO을 만날 때** 수학/과학1~2/사회1~2 *주제별* 수학 · 사회 · 과학 주제별 국어 독해						
	문학							
	문법							
	어휘		*NEW* **어휘가 독해다!** 초등 국어 어휘 입문 한글과 기초 단어로 시작하는 낱말 공부		*NEW* **어휘가 독해다!** 초등 국어 어휘 기본 3, 4학년 교과서 필수 낱말 + 읽기 학습		**어휘가 독해다!** 초등 국어 어휘 실력 5, 6학년 교과서 필수 낱말 + 읽기 학습	
영어	독해				*NEW* **EBS랑 홈스쿨 초등 영독해** LEVEL1~3 다양한 부가 자료가 있는 단계별 영독해 학습			
						EBS 기초 영독해 중학 영어 내신 만점을 위한 첫 영독해		
	문법				*NEW* **EBS랑 홈스쿨 초등 영문법** 1~2 다양한 부가 자료가 있는 단계별 영문법 학습			
							EBS 기초 영문법 1~2 *HOT* 중학 영어 내신 만점을 위한 첫 영문법	
	어휘							
	듣기							
수학	연산	*NEW* **만점왕 연산** Pre 1~2, 1~12단계 과학적 연산 방법을 통한 계산력 훈련						
		계산왕 1~12권 교과서 진도와 함께하는 연산 연습						
	응용	**만점왕 수학 플러스** 학기별(12책) 교과서 중심 기본 + 응용 문제						
	심화					**만점왕 수학 고난도*** 학기별(6책) 상위권 학생을 위한 초등 고난도 문제집		
	특화							
사회	역사				**매일 쉬운 스토리 한국사** 1~2 하루 한 주제를 이야기로 배우는 한국사			
					스토리 한국사 1~2 *HOT* 고학년 사회 학습 입문서			
기타	창체	*NEW* **창의체험 탐구생활** 1~4권 창의력을 키우는 창의체험활동 · 탐구						